엄마의 갈대 상자

엄마의
갈대 상자

이지남 지음

규장

추천의 글

하나님의 스케일로 키우는 성경적 자녀 교육

이 책을 읽으며 깊은 감동과 실제적인 지혜를 얻을 수 있었습니다. 이 책은 성경적 세계관에 기초한 자녀 교육의 진정한 가이드북입니다.

"자녀를 세상에 빼앗기지 말고, 하나님의 스케일로 키우라!"

저자의 이 메시지는 부모가 가져야 할 중요한 관점을 제시합니다. 세상의 기준이 아닌 하나님의 눈으로 자녀를 바라볼 때, 비로소 그 아이의 진정한 가능성과 사명을 발견할 수 있다는 것입니다.

이 책이 특별한 이유는 성경적 원리와 실제 경험이 완벽하게 조화를 이루고, 부모의 성장을 강조하는 균형 잡힌 시각을 제시하기 때문입니다. 더 나아가 내 자녀뿐 아니라 양육시설 아이들과 입양아에 대한 깊은 사랑을 보여줍니다. 또한 자녀 교육에 대한 새로운 패러다임을 제시하며, 부모의 영적 성장까지 이끌어주는 귀한 책입니다.

무엇보다 광야 같은 시절을 지나며 성경적 지혜를 터득한 저자의 진솔한 이야기가 읽는 이로 하여금 하나님의 사랑 안에서 자녀를 키우는 기쁨과 소망을 발견하게 할 것입니다. 모든 부모에게, 아이들을 사랑하는 모든 어른에게 이 책을 진심으로 추천합니다.

송태근 | 삼일교회 담임목사

하나님 닮은 자녀 만들기 레시피

내게 지남의 첫 이미지는 막둥이 다니엘을 업고 있는 엄마였다. 그녀의 세 아들은 내가 섬기는 유치부의 어린이 청중이었다. 그런데 요즘은 지남의 딸, 하랑이를 앉혀놓고 매주 설교하고 있다. 우리 지남이는 왜 아이를 계속 키울까? 이 책 때문인 것 같다. 이 책이 세상에 꼭 나와야 하기에.

하랑이를 처음 만났을 때 그 느낌을 잊을 수가 없다. 아직 젖 냄새 나는 유아의 얼굴이 아닌 선뜻 말 붙이기 힘든 경계 어린 표정. 그런데 지금은 천사다. 어떻게 이토록 달라진 걸까? 그 실제적인 노하우와 함께 아픔, 노력, 사랑, 아들들과의 논쟁, 부모의 역할을 성경으로 아우른 게 바로 이 책이다. 자녀 교육의 모든 것이 이 책에 담겨 있다. 그 깊이는 가히 잠언 31장의 현숙한 여인 수준이다.

하나님도 소원이 있으시다. 우리를 그분 닮은 자녀로 키우는 것. 하나님의 일도 '사람 만들기'다. 그것이 가장 가치 있는 일이라서 우리도 따라 하게 하시는 것 같다. 엄마 지남에게도 하나님 닮은 자녀 만들기, 곧 하나님의 일, 생명의 일이 제일 중요해서 드디어 레시피가 나온 것 같다.

하나님도 '하나'로는 만족 못 하셨다. 그래서 인간에게 생육하고 번성하여 "나 닮은 자녀들이 온 땅에 가득하게 해라!"라고 하셨다. 그런 하나님을 따라 지남이도 네 아이와 수많은 조카를 사랑으로 길러내며, 북한 아이들까지 가슴에 품고, 하나님의 일, 생명의 일, 먹이는 일이 온 땅에 가득하길 바라며 열심히 뛰고 있다.

이애실 | 생터성경사역원 원장

하나님나라 가족 공동체를 세우는 탁월한 안내서

저자는 혹독한 광야의 시간을 '축복'이라 고백하며, 가슴으로 낳은 딸 하랑이와 함께하는 삶을 통해 믿음의 가정이 세상을 변혁할 수 있음을 보여줍니다. 24시간이 부족할 만큼 하나님나라를 향해 거침없이 달려가는 그녀의 걸음은 이 책에도 고스란히 드러납니다. 생생한 자녀 양육 간증과 삶의 고백, 각 장에 담긴 구체적인 실천 팁(tip)은 또 하나의 '엄마의 마음'으로 다가옵니다.

홀로 생존을 고민해야 하는 외로움과 고립의 시대에 믿음의 가정을 세우고 하나님 안에서 자녀를 양육하는 방법을 제시한 좋은 안내서를 만나 더없이 반갑고 감사합니다. 이 책이 사랑과 돌봄이 넘치는 하나님나라 가족 공동체를 세워가는 아름다운 길잡이가 되기를 기도하며 기대합니다.

태원석 | 소망잇는교회 담임목사, 52패밀리 동행목사

영원히 변하지 않는 진리의 양육법

저자가 듬직하고 멋진 세 아들을 어떻게 키웠는지 늘 궁금했습니다. 특히 입양한 딸이 놀랍게 변화하는 모습을 보며 그녀가 어떤 사랑을 품고 있는지 궁금했지요. 그런데 이 책을 읽으며 그 답을 찾았습니다. 시대와 문화에 따라 변하는 세상 양육법이 아닌, 하나님의 말씀에서 길어 올린 변하지 않는 진리의 양육법을 배우고 싶은 모든 분에게 이 책을 권합니다.

신애라 | 배우, 방송인

행복한 가정을 세우는 소중한 지도

결혼을 앞두고 이 귀한 글을 읽게 되어 진심으로 감사드립니다. 주변의 화목한 가정을 보며 저도 그런 가정을 이루고 싶었지만, 자라온 환경이 달랐기에, 어떻게 아이를 키우고 화목한 가정을 세워가야 할지 고민이 많았습니다. 그러나 이 책을 통해 마음속 질문에 답을 얻을 수 있었습니다. 앞으로의 인생 여정에 함께할 소중한 지도를 선물해 주셔서 감사합니다. **이정기** | 52패밀리 조카

진정한 신뢰 육아 지침서

이 책은 비교와 불안, 상대적 박탈감이 만연한 이 시대에, 하나님 안에서 어떻게 자녀를 양육해야 하는지, 그 구체적인 사례와 방법을 알려줍니다. 믿음의 부모는 세상의 방법이 아닌 오직 하나님의 말씀에 근거한 성경적 지혜로 자녀와 소통하고 자녀에게 본을 보여야 함을 역설합니다. **현승원** | 디쉐어 의장

믿음의 유산을 남기고 싶은 모든 부모에게

세 딸의 아빠인 저는 늘 '사랑'과 '책임'을 화두로 살아왔습니다. 수많은 육아 지침 속에서 불안할 때, 《엄마의 갈대 상자》는 하나님께서 "잘하고 있다"라고 제게 말씀하시는 듯한 위로와 확신을 주었습니다. 자녀를 하나님께 맡기고 기도하며 아이를 믿어주는 신뢰 육아의 지혜, 저자의 진솔한 고백과 실제적 지침이 우리에게

방향과 자유를 선물합니다. 믿음의 유산을 남기고 싶은 모든 부모에게 강력히 추천합니다.

주영훈 | 작곡가

아름답고 화목한 가정을 꿈꾼다면 필독!
이지남 대표님의 가정과 여러 번 교제할 기회가 있었습니다. 제 마음에 가장 깊이 감동을 준 건 바로 대표님의 '가정'이었습니다. 하나님 안에서 서로 사랑하고, 부모는 자녀를 존중하고, 자녀는 부모를 진심으로 존경하며, 무엇보다 말씀 안에서 한마음인 가정. 그 모습을 보며 기도했습니다.

"하나님, 제 아이들이 꼭 이지남 대표님 같은 스승을 만나게 해주세요."

대표님이 성경적 자녀 양육서를 쓰신다고 했을 때, 누구보다 먼저 읽고 싶었습니다. 하나님 안에서 아름답고 화목한 가정을 꿈꾸는 모든 분에게 이 책을 꼭 추천하고 싶습니다.

황태환 | 하준파파, 에이치유지 대표

Q 사 남매에게 엄마는 어떤 엄마인가요?

우리 엄마는 그냥 좋아요. 우리 엄마는 밥을 맛있게 해줘요. 우리 엄마는 성경 이야기를 재미있게 들려줘요. 우리 엄마는 나를 많이 사랑해요. 우리 엄마랑 함께 그림 그리는 게 좋아요.

막내딸 | 하랑(7세)

어린 제 눈에는 보이지 않는 세상을 엄마의 영적 눈높이를 통해 볼 수 있었어요. 늘 모든 일에 최선을 다하며, 하나님나라를 향해 전력 질주하는 엄마의 모습은 제 롤모델이에요. 저를 향한 엄마의 굳건한 신뢰는 제게 책임지는 힘을 길러주었어요. 특히 아무리 바빠도 정성껏 차려주시는 집밥은 최고의 사랑이지요! 어릴 적 엄마가 들려주시던 하나님의 계획이 우리 가족의 현실이 되어가는 걸 보며, 저도 엄마의 뒤를 이어 하나님의 꿈을 이루는 인생을 살고 싶습니다.

셋째 | 윤모(18세)

어머니는 결과에 매달리기보다 과정에서 하나님을 의지하며 할 수 있는 최선을 다하라고 늘 말씀하셨어요. 제가 자기소개서를 쓰며 막막해할 때도 "이 시간을 네 사명을 발견하는 기회로 삼아라"라고 하시며 기도의 방향을 제시해 주셨습니다. 덕분에 조급함을 내려놓고 제 삶의 이야기를 써 내려간 결과, 하나님께서 가장 좋은 길로 인도하셨지요. 그 과정에서 저는 부모님의 신뢰가 제게 얼마

나 큰 책임감과 노력의 동기를 부여하는지 깨달았습니다. 이 책은 자녀의 모든 순간을 주님께 맡기며, 믿음으로 그 길을 열어주고 싶은 부모에게 꼭 필요한 지침서가 될 것입니다.   **둘째** | 승모(21세)

부모님이 너무나 자랑스럽습니다. 제게 '부모 = 인생의 롤모델'입니다. 이 책에는 어머니가 우리를 키우며 겪으신 기쁨과 눈물, 실패와 회복의 고백이 진솔하게 담겨 있습니다. 어머니는 늘 '하나님을 아는 것이 최고의 스펙'이라고 가르쳐 주셨어요. 이 책은 자녀를 세상에 빼앗기지 않고, 하나님께 온전히 맡기는 법을 알려줍니다. 부모이거나 예비 부모인 청년들도 제가 어머니께 배운 믿음과 용기와 격려를 얻길 바랍니다.   **첫째** | 준모(24세)

인트로

아이를 믿는 여정의 시작

고난 중에 형통한 비결

제 인생을 돌아보면 정말 파란만장했어요. 부유한 환경에서 자랐지만, '나는 부모님 기대에 못 미치는 딸'이라는 자격지심으로 학창 시절을 보냈고, 이후 일찍 결혼해 도망치듯 유학을 떠났습니다. 그리고 2008년 전까지는 사업이 꽤 성공해서 부족함 없이 살았지요. 그런데 이상하게도, 더 많이 가질수록 공허함이 커졌어요.

'나는 누구지? 무엇을 위해 살아야 하지?'

정체성과 사명에 대한 고민이 깊어지던 즈음, 아이를 낳으며 그 두려움이 더욱 커졌습니다.

'내 인생의 방향도 모르는데, 아이는 어떻게 키우지?'

고민이 절정에 달했을 때, 하나님을 뜨겁게 만났습니다. 곧장 성경을 깊이 파기 시작했지요. 하루 스무 시간 가까이 식음을 잊은 채 말씀을 연구했습니다. 아이들에게 올바른 인생 지침을 주려면 제 정체성과 사명부터 찾아야 한다는 절박함 때문이었지요.

이후 하나님의 부르심을 따라 한국에 돌아왔고, 십 년 넘게 재정적으로 혹독한 '광야 훈련'을 받았습니다. 그 과정을 통해 '사람이 떡으로만 사는 것이 아니라 하나님의 말씀으로 산다'라는 진리를 몸소 체험했어요.

풍족하게 자란 제게 가난은 정말 견디기 힘든 고난이었지만, 덕분에 차별감, 소외감, 자격지심 같은 감정을 온몸으로 겪으며 어려운 이들의 마음에 공감하게 되었지요.

이 광야기는 제 인생의 커다란 축복이었습니다. 사정이 어려워 세 아들에게 사교육 한 번 시키지 못했지만, 온 가족이 하나님만 의지하는 삶을 훈련할 수 있었으니까요. 그 어떤 것과도 바꿀 수 없는 귀한 교육이었다고 생각합니다.

요셉이 감옥에 갇혀도 하나님이 함께하셔서 형통했던 것처럼 우리 가족도 말할 수 없는 고난 속에서 형통을 경험했어요.

그 와중에 가훈도 탄생했지요.

"이즈굿(Iz Good)한 인생을 살자!"

하나님 보시기에도 좋고, 사람 보기에도 좋은 인생을 살자는 의미예요. 훗날 회사 이름도 이 가훈에서 비롯되었습니다.

가정이 회복된다면 얼마나 좋을까

사람은 '가정'에서 가장 큰 행복을 느낀다고 합니다. 하지만 역설적으로, 가정에서 겪는 고통도 얼마나 큰지 모릅니다. 이는 부부 관계, 부모 자녀 관계가 깨지면 삶 전체가 흔들릴 만큼 가정이 핵심적인 곳이라는 반증이지요.

저도 주변에서, 또 양육시설 아이들과 자립준비청년(보호종료아동)들을 돌보며 가정 문제로 힘들어하는 수많은 사례를 보았습니다. 그때마다 '깨진 가정이 회복된다면 얼마나 좋을까' 하는 갈망이 생겼고, 결국 성경적 자녀 교육에 관한 책을 쓸 결심을 했지요.

부모가 자녀 인생에 끼치는 영향이 정말 크잖아요. 저도 아이들을 잘 키우고 싶어서 죽기 살기로 공부하며 배운 대로 적용했지만, 쉽지 않은 순간이 참 많았어요. 성경적 자녀 교육에 관한 기준이 없을 때 느꼈던 막막함은 이루 말할 수 없었지요.

그 간절한 마음이 이 책의 출발점입니다. 네 아이의 엄마, 성경 교사 그리고 수많은 '조카'(자립준비청년)의 이모로서 성경적 자녀 교육 기준과 생생한 체험담을 나누고 싶었어요. 제 자녀뿐 아니라 조카들에게 직접 적용해 검증한 교육 원리가 여러분에게 조금이라도 도움이 되었으면 합니다.

자녀를 키우는 부모님, 손주를 돌보는 조부모님, 양육시설 아이들을 돕고 싶은 분이나 입양을 고민하는 분, 앞으로 부모가 될 우리 조카들도 이 책에서 작은 용기와 지혜를 얻어가길 바랍니다.

무엇보다 '하나님을 아버지로 둔 가족'이 얼마나 놀라운 삶을 누릴 수 있는지 체험하길 진심으로 바랍니다. 책을 통해 구체적으로 무엇을, 왜 전하려 하는지는 본문에서 자세히 나눌게요. 우리 함께 좋은 부모가 되고, 우리 자녀들이 하나님 아버지 안에서 바르게 성장하고 행복해지길 바랍니다.

삶과 말씀을 아우르는 실제적 지침서

혹자는 '복음'을 '죽어서 천국에 가는 도구' 정도로만 생각해요. 하지만 복음은 그 이상의 능력이 있어요. 이 땅에서 우리가 '사람답게 살도록' 도와주는 놀라운 능력이지요. 그 이유는 간단합니다. 우리가 하나님의 형상대로 지어졌고, 하나님은 우리를 자녀 삼으신 아버지이시기 때문입니다.

부모라면 가진 걸 다 줘서라도 아이가 잘되길 바랍니다. 우리가 하나님을 "아버지"라고 부르는 이유도 바로 여기에 있어요. 하나님은 자녀인 우리가 행복하길 바라서 그 지침서로 성경을 주셨지요. 이렇게 말씀하시면서요.

"내가 너를 얼마나 사랑하는지, 네가 어떤 존재이며 어떻게 살아야 하는지, 네 미래가 어떻게 보장돼 있는지 알려줄게."

그런데 우리는 종종 이 '하나님의 지침서'를 제쳐두고, 세상 지혜만 좇으며 부모 자녀 관계를 쌓으려 합니다. 그러면 하나님이 정해 주신 부모와 자녀의 역할을 무시하게 되지요. 부모가 아무리 헌신해도 그 방향이 잘못되었기에 자녀는 엇나가고, 결국 고통만 더할 뿐입니다.

그래서 저는 우리가 마주하는 문제들을 성경이 얼마나 탁월하게 다루는지를 말하고 싶어요. 성경은 영원부터 영원까지 사시는 하나님께서 주신 '불변하는 진리'이기에, 가장 시대를 앞서면서도 가장 현실적인 내용을 담고 있지요. 겉보기엔 천상의 이야기 같지만, 실상은 우리 일상에 꼭 맞는 가장 현실적이고 실제적인 지침서입니다.

'부족한 내가 이런 책을 쓸 자격이 있을까' 하는 고민도 많이 했습니다. 하지만 성경에서 깨달은 자녀 교육 원리를 네 아이에게 적용해 본 경험과 수많은 조카를 일으켜 세운 이야기가 누군가에게는 작은 도움이 될 수 있겠다는 마음이 들었어요.
하나님은 '사람을 키우신 이야기'를 성경 전체에 걸쳐 보여주십니다. 그 이야기는 제가 칠천여 명의 양육시설 아동, 자립준비청년 그리고 네 자녀와 함께 울고 웃으며 보낸 시간과도 맞닿아 있습니다. 그래서 성경의 가르침과 제 사례를 책에 함께 담았어요. 예를 들면 이런 질문에 대한 답을 말이지요.
'자녀가 방황하거나 부모와 자녀가 서로에게 마음이 닫혔을 때, 성경은 어떤 길을 제시할까?'
'입양 과정을 거치며 깨달은 가족의 의미는 무엇인가?'

'자녀 교육에 성경적 가치를 적용하는 방법은 무엇일까?'

책을 놓고 기도하던 어느 날, 하나님이 제게 이런 마음을 주셨어요.
'고통받는 수많은 가정을 살릴 수 있는 나의 육아 원리를 쉽게 전해주렴.'
저는 이 책을 통해 '하나님의 육아법'을 전하고자 합니다. 세상 지혜로만 자녀를 키우면 놓치기 쉬운 성경적 원리를 말이지요. 세상의 모든 부모, 아동 양육시설 종사자, 입양·위탁 부모로 헌신한 분 그리고 좋은 부모 모델이 필요한 우리 조카들이 이 성경적 육아법을 삶에 꼭 적용하길 바랍니다.
이 책이 힘든 가정엔 회복의 씨앗이 되고, 이미 잘 지내는 가정엔 더 큰 기쁨이 되어, 부모가 먼저 치유되는 '복음의 기적'을 일으키리라 믿어요!

차례

추천의 글
인트로

PART ❶ 하나님이 잠시 맡겨주신 선물

01	부모 사명 깨닫기	23
02	하나님의 형상을 닮은 아이	35
03	가정에 주신 영적 권위와 토대	47
04	자녀를 세상에 빼앗기지 말라	56

PART ❷ 믿어주면 자란다

05	성경적 기다림	71
06	서로의 책임과 역할	82
07	선택과 결정의 기회 주기	91

PART ❸ 하나님의 시야로 키우기

08	목말 태우기 육아	101
09	믿음으로 함께 걷기	108
10	가정에서 배우는 리더십	116
11	어릴 때 심어주는 말씀의 힘	123

PART ❹ 사랑에도 울타리가 필요하다

12	과잉과 결핍이 빚는 문제	135
13	사랑으로 징계하기	144
14	신뢰받는 부모 되기	155
15	권위주의 훈육 vs 자기 주도 훈육	166

PART ❺ 하나님의 스케일로 키우자

16	하나님의 사랑으로 회복하기	179
17	양육 불안과 비교 의식	187
18	기도로 배우는 하나님의 스케일	196

PART ❻ 함께하는 사랑, 확장되는 가족

19	우리는 모두 하나님의 입양 가족	211
20	마음의 벽 허물기	221

PART ❼ 부모가 자라야 아이가 자란다

21	함께 배우는 인내	233
22	부모가 자라야 자녀가 자란다	244
23	계속되는 여정	254

하나님이
잠시 맡겨주신 선물

PART

01
부모 사명 깨닫기

날마다 말씀 앞에 서는 삶

저는 삼십 대에 하나님을 인격적으로 만나면서 삶의 정체성과 사명이 분명해졌습니다. '하나님께서 내게 가장 적합한 미래를 이미 예비해 두셨다'라는 믿음이 생기자, 매일이 새롭게 느껴졌지요.

이 복된 사실을 아이들에게도 전하고 싶었지만, 정작 제가 하나님을 잘 몰랐어요. 그래서 요게벳이 모세를 하나님께 맡겼듯 저도 아이들을 하나님께 맡겨놓고, 매일 말씀을 연구하며 삶에 적용하려 애썼습니다. 그러다 제 부족함이 드러나면 아이들에게 솔직히 털어놓고 사과하곤 했어요.

"엄마가 이런 점에서 미안해. 아직 엄마도 하나님 뜻을 배워

가는 중이란다. 우리 함께 노력해 볼래?"

그러면서 아이들은 '아, 엄마도 완벽하진 않지만, 우리와 함께 자라고 있구나' 하는 신뢰를 쌓아갔습니다.

저는 새벽기도와 말씀 연구로 하루를 시작하는 루틴을 꾸준히 이어갔고, 주말이면 온 가족이 함께 새벽예배를 드리며 말씀 앞에 서는 삶을 살았습니다. 그렇게 자라난 큰아들은 대학생이 되어 제 첫 책 《난생처음 성경공부: 마태복음》에 추천사를 써주었어요.

이지남 대표님은 제 어머니이자 신앙의 롤모델입니다. 어머니를 생각하면 성경공부 하시는 모습이 제일 먼저 떠오릅니다. 바닥에 엎드려 울며 기도하시는 모습도 어릴 적부터 보아왔습니다. 어머니는 아무리 일정이 바빠도 주님 앞에서 보내는 시간을 빼먹거나 순서를 바꾸는 일이 없습니다.

어떤 문제라도 기도로 해결해야 한다는 것과 '하나님을 아는 게 최고의 스펙'이라는 가르침을 삶으로 보여주십니다. 대학생이 된 저도 어머니를 따라 그 발걸음을 내딛고 있습니다.

이 책에서 어머니의 '진심'이 느껴집니다. 매일 성경을 붙들고 연구하신 정성과 성경 앞에서 흘린 눈물 가운데 하나님의 역사하심이 고스란히 담겼습니다. 무엇보다 마태복음을 쉽고 논리적으로 설명하여, 저 같은 청년들에게도 유용하고 탁월한 길잡이가 될 것입니다. 또한 어떻게 살아야 할지 결단하게 하고 용기와 도전을 주는 놀라운 책입니다. 어머니의 집필 과정을 선하게 인도하신 하나님께 모든 영광을 올려드립니다.

자녀에게 신앙을 가르치는 일은 말이나 지시만으로 되지 않습니다. 부모의 삶이 가장 확실한 교육이지요. 아직 부족함이 많지만, 말씀을 삶에 적용하려 애쓰며 하나님 이야기를 함께 나누는 게 우리 가정의 가장 큰 복입니다.

하나님께 양육을 위임받다

제게는 배로 낳은 세 아들과 입양한 막둥이 딸이 있습니다. 저도 처음에는 입양에 두려움이 있었어요. 하지만 '내가 아이를 책임질 필요 없다. 하나님께서 우리 가정에 맡기신 아이를 그분 뜻대로 길러내면 된다'라고 생각하며 아이를 맞이했지요. 하나님께서 성경 교사인 저를 복된 부모의 길로 또 한 번 초대해 주신 것이었습니다. 시간이 흐를수록, 그 용기는 무모함이 아닌 하나님께서 주신 힘이었음을 깨닫습니다.

입양 초기는 녹록지 않았습니다. 하지만 덕분에 우리 가정은 더욱 성숙해졌고, 막내딸 하랑이는 하나님 안에서 질서를 배우며 온전히 우리 가족이 되었습니다.

그 과정에서 저는 다시금 말씀의 능력을 체험했습니다. 하랑이의 삶이 마치 창세기 1장 같았거든요. 흑암 가운데 빛이 임하고, 빛이 어둠을 몰아내고, 육지와 바다가 나뉘고, 식물이 종류대로 창조된 하나님의 창조 질서가 아이의 삶 가운데 회복되는 듯했습니다.

처음에 하랑이는 이름을 불러도 반응이 없고, 아무리 말해도 못 들은 것처럼 반응했습니다(아이 청력에 문제가 있나 싶어 보육교사에게 물어본 적도 있었습니다). 게다가 무엇이든지 제 뜻대로 안 되면 울고불고 소리를 질렀습니다. 그런 아이가 서서히 변화되는 과정을 보며 우리 가정은 하나님의 크신 능력을 새롭게 체험했습니다.

이처럼 하나님은 '혼돈에서 질서로' 인도하시는 분입니다. 이 사실을 알면 우리는 어떤 상황에서도 다시 시작할 수 있어요. 하나님을 경외함으로 걸어갈 때, 그분의 능력과 지혜가 함께할 것입니다. 지금까지 여정에서도 그러셨던 것처럼요.

성경은 부모에게 자녀를 보호하고 먹여 살리는 단순한 역할 이상을 요구합니다. 부모는 하나님으로부터 양육의 위임장을 받은 존재입니다. 따라서 부모가 추구해야 할 핵심 목표는 자녀의 세속적 성공에 집착하게 하는 게 아니라, 하나님 뜻 안에서 자녀가 바르게 자라도록 돕는 것입니다. 자녀를 말씀으로 가르친 가정은 세상에 선한 영향력을 끼치는 복의 근원이 됩니다.

> 내가 아브라함을 선택한 것은, 그가 자식들과 자손을 잘 가르쳐서, 나에게 순종하게 하고, 옳고 바른 일을 하도록 가르치라는 뜻에서 한 것이다. 그의 자손이 아브라함에게 배운 대로 하면, 나는 아브라함에게 약속한 대로 다 이루어 주겠다. 창 18:19 새번역

> 이스라엘은 들으십시오. … 이 말씀을 마음에 새기고, 자녀에게 부지런히 가르치며, 집에 앉아 있을 때나 길을 갈 때나, 누워 있을 때나 일어나 있을 때나, 언제든지 가르치십시오. 신 6:4,6,7 새번역

성경이 말하는 진짜 복은 하나님과의 관계 회복에서 시작됩니다. 그래야 가정과 사회의 다른 관계도 건강한 질서 위에 세워지니까요. 그런 의미에서 부모는 자녀를 '내 것'이 아닌 '하나님의 소유'로 이해하고, 말씀을 통해 자녀 안에 심긴 고유한 재능과 인격을 존중하고 육성해야 합니다.

부모가 사랑과 규율을 균형 있게 적용할 때, 자녀는 "마땅히 행할 길"(잠 22:6)을 스스로 발견하며 기쁨으로 자기 길을 걸어가게 됩니다.

성경 속 말씀을 살아낸 사람들

아므람과 요게벳: 절망 속에서도 믿음을 선택함(출 2장)

우리는 '모세' 하면 홍해를 가르고 이스라엘을 이끈 위대한 지도자의 모습을 떠올립니다. 하지만 그가 그렇게 자랄 수 있었던 배경에는 절망의 시대에도 하나님을 굳게 붙든 부모의 믿음이 있었습니다. 히브리 남자아기를 죽이라는 바로의 무시무시한 명령에도 아므람과 요게벳은 하나님의 섭리를 신뢰하며 아기 모세를 살렸습니다. '이 아이를 향한 하나님의 계획이 있을 것'이라는 믿음으로, 환경보다 하나님의 약속을 더 크게 바라보았지요.

그들이 처음부터 그런 담대한 선택을 한 건 아닐지 모릅니다. 두려웠을 것이고, '이래봤자 무슨 소용이 있을까' 하며 고민도 했겠지요. 하지만 그들은 눈앞의 현실보다 하나님의 계획을 더 신뢰했습니다. 하나님은 아이를 살릴 수 있으실 거라는 희망을 품었을 거예요.

요게벳은 모세를 살리기 위해 갈대 상자에 담아 강물에 띄웠습니다. 그것은 될 대로 되라는 방임이 아니라 철저한 준비와 기도로 이뤄진 믿음의 행동이었지요. 갈대 상자에 역청과 송진으로 방수 처리를 하고, 애굽 공주가 목욕하는 장소와 시간을 미리 염두에 두며, 모세의 누이 미리암에게 뒤따르게 한 걸 보면, 요게벳은 최선을 다해 준비한 거예요. 그리고 그녀는 간절히 기도했을 겁니다.

"하나님, 제발 이 아이에게 은혜를 베풀어 주세요."

그녀의 믿음과 준비가 함께 작동하자, 하나님은 놀랍게 길을 여셨습니다. 공주가 갈대 상자를 발견했고, 미리암이 "유모를 구해드릴까요"라고 묻기까지 모든 것이 하나님의 인도하심대로 펼쳐졌지요. 결국 요게벳은 유모로서 모세를 다시 품었고, 품삯까지 받으며 자기 아들을 키울 수 있었습니다. 상상도 못한 반전이자 하나님이 함께하셨다는 명백한 증거였지요.

이후 모세는 첫 사십 년은 애굽 왕궁에서 학문을 배우고, 그다음 사십 년은 광야에서 하나님께 훈련받고, 마지막 사십 년은 이스라엘 백성을 애굽에서 탈출시키며 위대한 지도자가 됩니다. 절망 가운데 태어났지만, 하나님을 전적으로 신뢰하며 최선을 다한 부모의 믿음이 그의 삶의 기초가 된 거지요. 모세의 부모 이야기는 우리에게 이렇게 말합니다.

"부모가 자녀의 모든 것을 감당해 줄 수는 없지만, 하나님께 맡기고 부모가 할 수 있는 책임을 다하면, 하나님께서 자녀의 인생을 책임지신다."

이 메시지는 우리 아이들에게도, 제 삶에도 큰 희망이 되었습니다. '무슨 수로 아이를 잘 키워낼 수 있을까' 하며 전전긍긍하는 부모들에게 이 이야기가 큰 위로와 용기가 되길 바랍니다. 내 아이를 지으신 하나님께 온전히 맡길 때, 참 부모이신 하나님이 일하시기 시작합니다.

저는 성경의 수많은 인물 중 요게벳의 이야기에 특히 감동했습니다. 하나님께 맡긴다는 것이 방치나 무모함이 아님을 깨달았기 때문입니다. 하나님께 맡긴다고 아무것도 하지 않거나 반대로 모든 걸 내 힘으로 해결하려 하지 않은 요게벳에게서 문제 해결의 균형을 배웠습니다.

십 년 넘게 경제적 광야를 지나며 아이들에게 아무것도 해줄 수 없는 현실이 가슴 아팠습니다. 그때 요게벳의 이야기가 큰 위로가 되었지요. 그녀처럼 하나님이 내 아이의 인생을 책임지며 길을 여시는 분임을 믿고, 동시에 내가 할 수 있는 '갈대 상자 만들기'를 게을리하지 않으면, 아이의 인생을 향한 하나님의 계획이 하나씩 이루어짐을 경험했습니다.

지나고 보니, 광야 같은 환경이 아이들에게 오히려 가장 좋은 교육의 장이었다는 생각이 듭니다. 부모로서 해줄 수 있는 게 없었기에 온 가족이 하나님께 간절히 매달렸고, 매일 기적을 경험했기 때문이지요.

예수께서 말씀이 육신 되어 오신 것처럼 저도 말씀대로 살려고 애쓰자, 삶에 말씀이 드러났습니다. 그 시절은 우리 가정이 믿음의 기초를 다진 특별하고도 은혜로운 시간이었습니다.

아이들이 커서 "엄마, 그때의 가난이 큰 복이었던 것 같아요"라고 말해줘서 정말 감격스러웠어요.

하루는 둘째 아들이 대학 진학을 앞두고 자기소개서를 작성하다가 부족함을 느꼈는지 이렇게 말하더군요.

"엄마, 전문가가 한번 봐주면 좋겠는데, 방법이 없을까?"

평소 혼자서도 잘하던 아이라 도움이 필요하다는 말이 더 간절하게 느껴졌어요. 하지만 제게는 관련 정보가 없었고, 지인들에게 수소문해 봐도 마땅한 추천을 받지 못했습니다. 비용도 부담스러웠고요.

그때 떠오른 게 바로 '갈대 상자 전략'이었습니다. 그래서 아이와 함께 기도하며, 우리가 할 수 있는 최선을 다해 보기로 했어요. 제가 아들에게 말했지요.

"이참에 하나님께 은혜를 구하면서 네 사명을 알려달라고 기도해봐. 하나님이 지혜를 주시고, 필요하다면 선생님도 붙여주실 거야."

자기소개서란 자신의 정체성과 사명을 담아내는 글이니, 그 개념부터 정립하며 준비하게 했습니다.

그리고 며칠 뒤, 지인 가족이 우리 집에 왔습니다. 저는 식사 도중에 이 얘기를 자연스럽게 꺼냈지요.

"우리 둘째가 자기소개서를 쓰고 있는데, 혹시 전문적으로 봐줄 만한 분이 주변에 계실까요?"

그러자 지인 아내분이 흔쾌히 대답했어요.

"어머, 제가 그런 걸 정말 잘해요! 봐드릴까요?"

순간, 저와 둘째의 눈이 마주쳤습니다. '하나님이 일하시는구나' 하는 확신이 들었지요. 우연처럼 보이는 식사 자리가 놀라운 연결고리가 된 것입니다! 게다가 도움을 주겠다고 한 자매는 저와 성경공부를 함께했던 터라 하나님을 사랑하고, 우리 가족의 이야기를 잘 알고 있었어요. 그보다 좋은 선생님은 없었지요. 저는 그간 있었던 일을 간증했고, 그 자리에 있던 모두가 하나님의 일하심에 감동했습니다.

이후 둘째는 그 자매의 도움으로 자기소개서를 훨씬 만족스럽게 완성했고, 원하는 대학에도 합격했습니다. 합격 자체도 기뻤지만 그 과정을 통해 우리는 하나님 안에서 더 큰 기쁨을 누렸습니다. 덕분에 아이가 입학을 위해 미국으로 떠날 때도 참 아버지이신 하나님께 믿고 맡길 수 있었지요. 그분을 온전히 의지하며 최선을 다할 때, 우연을 가장한 최고의 길을 열어주신다는 원리를 직접 경험했기 때문이에요.

'갈대 상자 전략'은 하나님께 자녀를 맡긴다고 하며 아무것도 하지 않거나 부모가 자녀 문제를 직접 해결하려는 시도를 원천 차단합니다. 부모가 '믿음과 책임'의 적절한 균형을 보일 때, 자녀는 인생의 막다른 골목에서도 부모에게 배운 방식으로 문제를 풀어갈 수 있어요. 이는 자녀가 어떤 어려움을 만나도 '기도하며 준비하는 삶'으로 자신을 다시 세울 수 있는 탄탄한 기반이 됩니다.

> **우리도 해봐요!** `실천 Tip`
> 갈대 상자 전략: 믿음으로 맡기기 + 현실적 대비

갈대 상자 전략은 요게벳이 가르쳐준 양육 원칙이에요. 부모로서 할 일은 다 하되, 결과는 하나님께 믿음으로 맡기는 태도입니다. 실생활에서 이 전략을 적용할 몇 가지 팁을 나눠볼게요.

1 갈대 상자 준비하기
가정에 말씀과 기도의 루틴을 견고히 세우고, 부모가 먼저 본을 보이며 영적 환경을 조성하세요.

2 하나님께 맡기는 기도하기
걱정과 불안을 주님께 기도로써 맡겨드리며 지혜를 얻으세요.

3 신뢰를 표현하며 놓아주기
자녀에게 도전할 기회를 주고, 믿음과 응원의 말을 전하세요.

4 기도하며 지켜보고 돕기
간섭이 아닌 관심으로 지켜보세요. 필요할 때 조언하고, 기도로 지지해주세요.

02

하나님의 형상을 닮은 아이

너는 하나님의 걸작품이야

창세기를 공부하다가 '사람이 하나님의 형상대로 지음을 받았다'라는 사실이 깊이 다가온 순간이 있었어요. 그때부터 저는 자녀를 '하나님의 걸작품'으로 바라보게 되었습니다.

또한 '내가 이 아이를 완벽히 책임져야 해'라는 부담을 내려놓고, 부모는 주 양육자가 아닌 '보조자'(청지기)라고 생각을 바꾸었습니다. 그러자 아이가 조금 느리게 자라거나 반항을 해도 마음에 여유가 생겼고, 하나님께서 친히 이끄실 아이의 미래가 기대되었습니다.

많은 육아 교육서가 "만 세 살 이전 교육이 아이의 평생을 결정짓는다"라고 말합니다. 유전적 배경뿐 아니라 부모의 양육

태도, 가정 분위기, 교육 환경, 사회·문화적 경험과 같은 환경적 요소가 자녀에게 지대한 영향을 끼친다는 거지요.

특히 영유아기(태어나서 세 살까지)에 부모 자녀 사이에 애착 관계가 잘 형성되고 양육의 질이 좋으면, 아이의 기질이나 유전적 성향이 긍정적이고 건강하게 발현될 가능성이 커집니다. 그래서 보통 만 십이 개월이 지난 '연장아 입양'이 훨씬 고되다고 들 하지요. 그런데 저는 딸이 만 세 살 반일 때 만났습니다. 골든타임이 지나고 만난 셈이었지요.

당시 주변에서 들려오는 실패한 입양 스토리, 사춘기 괴담 등으로 현실적 두려움이 컸어요. 실제로 말리는 사람들도 있었지요. 게다가 하랑이는 마음에 담을 쌓아둔 상태였고 성격도 강해서 무슨 말을 해도 반사적으로 "싫어"라고 대답했지요. 그런 아이를 보며 더 겁이 났습니다.

하지만 제게 다시 용기를 북돋아 준 게 바로 '하나님의 형상'이었어요. 하나님은 죄로 '망가진'(deformed) 우리를 사랑으로 '회복'(reform)하십니다. 그 기준에서 보면, 사실 어른이나 아이나 오십보백보 아니겠어요! 겨우 세 살 반인 아이를 훈육의 골든타임이 지났다고 포기하는 건 말이 안 되더라고요. 불쑥 이런 생각이 들었습니다.

'망가진 나를 포기하지 않고 끝까지 사랑으로 양육하신 하

나님 아버지의 방식을 나도 실천해 보자.'

하나님의 완전한 사랑을 받아본 경험이 용기를 주었어요. 마음을 바꾸니 두려움보다 기대감이 커졌습니다. '하나님의 걸작품인 이 아이의 미래가 얼마나 귀할까' 하고요.

그렇게 하랑이를 입양했지만, 일반 가정과는 다른 환경에서 자란 아이를 기다려주는 건 쉽지 않았어요. 아이는 영아기에 받은 마음의 상처를 쉽게 표현하지 못했지요. 그러나 사랑이 그 상처를 드러내고 치유해 갔습니다. 그 과정에서 아이의 반응 뒤에 숨겨진 아픔을 발견하며 가슴이 미어지는 듯했지요.

그런데 시간이 지나면서 아이 마음에 사랑이 채워지자, 아이의 표정부터 바뀌기 시작하더군요. 저는 하랑이를 양육하면서 하나님 아버지의 마음을 더 깊이 느끼는 귀한 복을 누리고 있습니다.

결국, 자녀 양육은 '이 아이는 하나님의 형상으로 지어진 존재'라는 믿음을 바탕으로 하나님의 양육 위임장을 바르게 사용하는 일입니다.

하나님이 … 하나님의 형상대로 사람을 창조하셨다. 창 1:27 새번역

자식들은 여호와의 기업이요 시 127:3

> 마땅히 행할 길을 아이에게 가르치라 잠 22:6

부모는 자녀를 하나님의 걸작품으로 바라봐야 합니다. 자녀가 성적이나 성취로 평가받는 존재가 아니라 하나님 보시기에 존귀한 존재임을 먼저 알려줘야 해요.

동시에 자녀와 부모 모두 죄성을 가진 인간임을 인정해야 합니다. 그러면 양육 갈등을 영적인 관점으로 보는 여유가 생깁니다. 반항하는 자녀와 직접 부딪히기보다는 그 기저의 죄성과 배후에 있는 악한 영의 역사를 인식하며 해결책을 찾을 수 있어요. 그러기 위해 부모가 먼저 회개하고 낮아지며, 자녀에게도 하나님 중심의 시선을 길러줄 필요가 있습니다.

성경 속 말씀을 살아낸 사람들
아담과 하와: 하나님의 형상(창 1:26-28)

창세기 1장에서 아담과 하와는 하나님의 형상으로 창조된 최초의 인류로 등장합니다. 여기서 우리는 '인간은 누구인가'라는 질문에 대한 성경적 해답을 얻을 수 있어요.

하나님은 "우리가 우리의 형상을 따라서, 우리의 모양대로 사람을 만들자"라고 선언하시며 직접 모델이 되셔서 사람을 지으셨습니다. 즉, 사람은 피조물 중에서도 특별히 하나님의 성품과 속성을 반영하여 지어진 존재입니다. 영적 교제 능력, 도덕적 판단력, 창의성, 사람과 관계 맺는 성향 등은 바로 하나님의 형상을 지닌 인간만이 누릴 수 있는 복이에요.

하나님의 형상대로 창조된 아담과 하와는 그 자체로 높은 존엄과 가치를 지닌 존재였습니다. 이것은 우리 자녀에게도 똑같이 적용됩니다. 아무리 미숙해 보여도, 자녀는 창조주 하나님의 형상을 반영하는 존귀한 작품임을 기억해야 하지요.

자녀를 바라볼 때 세상 기준이나 성적이 아니라 '하나님 보시기에 좋은가'를 먼저 생각해 보세요. 그 시선에서 출발하면 부모의 말과 행동이 훨씬 따뜻하고 존중하는 태도로 바뀝니다.

또 하나님께서는 아담과 하와에게 "땅을 정복하라 … 모든 생물을 다스리라"라고 명령하셨습니다. 이는 소유하라는 의미가 아니라 하나님을 대신해 세상을 잘 돌보라는 '청지기적 사명'을 주신 거였지요.

자녀 양육도 마찬가지입니다. 부모는 자녀의 '주인'(owner)이 아닌 '청지기'(caretaker)로 부름받은 사람입니다. 아이의 인생이 하나님께 속해 있다는 걸 인정하기만 해도, 통제하거나 소유하려는 태도에서 벗어나 사랑과 섬김으로 돌보게 됩니다.

아담과 하와는 가정을 이룬 최초의 부모이기도 합니다. 그들에게 주어진 "생육하고 번성하여 땅에 충만하라"라는 말씀은 단순히 자녀를 많이 낳으라는 뜻이 아니라 '하나님의 형상을 전수하고 확장하라'라는 사명을 포함하고 있어요. 따라서 자녀를 키우는 일 역시 하나님을 닮은 인격과 사랑을 다음세대에 계승하는 귀한 일입니다.

하나님의 형상대로 지어진 우리는 누구나 하나님을 닮은 멋진 부분을 타고납니다. 그것이 바로 장점이고, 이 장점은 사명과도 연결됩니다. 하나님을 닮은 장점은 하나님을 영화롭게 하고, 이웃을 살리는 힘이기도 하지요.

흥미로운 건, 이 장점을 발견하고 키워줄 가장 유력한 사람이 바로 '부모'라는 사실입니다. 부모는 자녀의 장점을 강점으로 만들어 줄 책임이 있어요.

일반적으로 자녀의 성격과 능력은 유전과 환경의 영향을 모두 받습니다. 심리학·교육학 연구에 따르면 유전적 요인이 40-60퍼센트, 환경적 요인이 나머지를 차지한다고 합니다(물론 연구 대상에 따라 수치가 조금씩 바뀌지요). 즉, 유전뿐 아니라 자라나는 환경, 관계, 태도 역시 자녀의 능력을 결정짓는 데 큰 영향을 끼친다는 겁니다.

사람은 자신의 장점을 계발하고 발휘할 때 가장 행복하고 탁월해집니다. 그래서 부모는 자녀의 장점을 찾아 칭찬하고,

그것이 강점이 되도록 적극적으로 격려해야 합니다.

저는 하랑이의 유전 정보를 모르기에 더 세심히 관찰했습니다. 다양한 시도를 하며 아이가 어떤 것에 흥미를 보이는지 살펴보다가, 그림 그리기에 재능이 있는 걸 발견했어요. 그래서 많은 색상의 도구를 주어 감정을 표현하거나 원하는 걸 그려보게 했습니다.

아이는 처음에는 검은 크레파스로 날카로운 선만 긋고, 맘에 살짝만 안 들어도 종이를 찢어버렸습니다. 하지만 점차 그림에 색감을 입히고 스스로 만족하는 모습을 보이기 시작했어요.

가장 인상 깊었던 순간은, 아이에게 "실수한 부분을 바꿔서 새로운 그림을 그릴 수 있어"라고 설명해 주며 함께 그림을 완성했을 때였어요. 아이가 '내 실수가 이렇게 예쁜 그림이 될 수도 있구나' 하는 표정으로 눈을 반짝이는데, 너무 기뻤지요. 어린이집 선생님도 하랑이가 그린 그림을 보고 "하랑이, 미술학원에 다니나요? 완전히 다른 아이가 된 것 같아요"라며 놀라워했습니다.

한 가지 장점을 발견하고 키워주니, 또 다른 재능도 연달아 열리는 듯했어요. 아이는 실수에 움츠러들지 않고 거기서 새로운 가능성을 발견할 줄 알게 되었지요. 그 모습을 보며 생각했어요.

'우리 딸 인생도 하나님 앞에서 이렇게 아름답게 완성되어 가겠구나.'

내가 낳은 아이여도, 그 아이의 인생을 백 퍼센트 알 수 없습니다. 유전 정보를 안다고 해서 더 잘 키우는 것도 아니에요. 오히려 '애는 엄마 닮아서(혹은 아빠 닮아서) 이럴 거야' 하는 선입견이 아이의 삶을 제한할 수 있지요. 그래서 저는 매일 고백하며 기도합니다.

"하나님, 우리에게 맡기신 이 아이, 주님 뜻대로 잘 키울 수 있도록 지혜를 주세요."

하랑이를 지으신 분은 하나님이시니, 그분께 묻고 맡기는 게 아이의 역량을 이백 퍼센트 발휘하게 하는 가장 확실한 양육법이라고 믿습니다.

우리는 모두 은혜의 법칙 아래 살아가고 있습니다. 이를 기억하며 자녀를 빛나게 해주는 부모가 되면 좋겠습니다. 아이에게 어떤 부족함이 있어도, 하나님의 형상대로 지어졌다는 사실 하나만으로 우리 아이는 엄청난 가능성을 품고 있습니다. 그 가능성을 꽃피우는 통로가 바로 부모의 '믿음'과 '사랑'입니다.

저는 단점보다 장점을 발견하자는 마음가짐에 중점을 두고 하랑이를 키우고 있습니다. 제가 어릴 때 칭찬받은 경험이 적어서 늘 자신감이 부족하고 눈치 보느라 힘들었거든요. 감사하게도 하나님을 인격적으로 만나고 성경을 연구하면서 '나는 하나님의 형상대로 지어졌다'라는 사실이 제 자존감을 회복시켜 주었어요. 그리고 아이를 키우며 이 원리가 그대로 적용되는 걸 몸소 느낍니다.

하랑이의 초등학교 입학식 때 특별한 순간이 있었어요. 평소 '우리 딸은 사람을 좋아하고 친화력이 뛰어나지'라고 막연하게 생각했는데, 많은 아이 사이에 있으니 그 점이 선명하게 보이더군요. 다른 아이들은 다 긴장해서 자기 자리에 얌전히 앉아 있는데, 하랑이는 맨 앞자리에 앉자마자 뒤돌아서 친구들 얼굴을 살피고 말 걸기에 바빴지요.

물론 교장 선생님 말씀이 시작됐는데도 계속 뒤돌아 있던 건 문제지만, 그건 예의를 가르치면 될 일이었어요. 만일 제가 그 자리에서 "왜 이렇게 산만하니. 앞을 봐"라고만 지적했다면, 아이는 자신의 강점인 친화력과 사교성을 숨기거나 억누르게 되었겠지요.

장점이 단점처럼 보일 수 있고, 실제로 그렇게 굳어질 수도 있습니다. 하지만 부모가 자녀의 단점보다 장점에 집중하면, 아이는 자신이 잘하는 부분을 더 즐겁고 탁월하게 키워갈 수 있어요. 물론 예의나 규칙을 알려주는 일도 중요합니다.

입학식을 마친 후 하랑이에게 차분히 말해줬어요. 교장 선생님이 말씀하실 때 뒤돌아 있는 행동이 왜 바람직하지 않은지, 그 이유를 설명해 주었지요.

"하랑아, 너는 원래 사람을 좋아하고 사교성이 뛰어난 아이잖아. 그래서 친구들이 반가워서 말을 걸고 싶었던 거지? 그런데 선생님이 말씀하실 때는 선생님을 보는 게 예의야. 다음엔 그 부분을 잘 지켜보자, 알겠지?"

장점을 긍정하면서 부족한 점을 보완하도록 부드럽게 지도하면, 아이도 상처받지 않고 자연스럽게 발전해 간답니다.

> **우리도 해봐요!** `실천 Tip`
> 단점보다 장점에 초점 맞추기

1 하루 한 가지, 아이의 장점을 기록해 보세요.

별것 아닌 것 같아도 쌓이면 놀라운 장점 목록이 완성돼요.

2 아이를 큰 소리로 칭찬해 주세요.

예를 들어, "우리 딸은 친구들 얼굴을 살피고 먼저 말을 걸 줄 아는 배려심이 있네"와 같이 장점을 구체적으로 들려주면, 아이는 '내 이런 모습이 칭찬받을 만하구나' 하고 자신을 긍정적으로 받아들입니다.

3 단점을 지적하기보다 장점에 집중하세요.

꼭 필요한 예절이나 사회 규범은 차근차근 알려주되, 자녀의 장점에 집중하며 단점을 보완해 주세요. 그러면 아이는 '내가 사랑과 인정을 받고 있구나'라는 안정감 속에서 훨씬 잘 배우고 성장합니다.

부모 눈에는 자녀의 단점이 유독 크게 보이곤 합니다. 물론 사랑해서 걱정하는 마음이지만, 부모가 자꾸 단점을 지적하고 "이게 네 문제야, 고쳐야 해"라는 말을 자주 하면, 아이는 무력감과 낮은 자존감에 빠지고 정신적·사회적으로 위축되며 회복 탄력성도 낮아집니다.

자녀의 단점이 눈에 들어올 때마다 '우리 아이, 이런 좋은 점도 있지' 하며 생각을 바꿔보세요. 자녀와 서로를 바라보는 마음이 편해지고 웃음을 주고받게 됩니다.

4 **자녀 안에 숨겨진 하나님의 형상을 찾아보세요.**

하나님께서 우리를 그분의 형상대로 지으신 것처럼 아이도 하나님을 닮은 재능을 최소한 하나 이상은 갖고 태어납니다. 그 재능을 발견하고 북돋아주는 게 부모의 사명이에요. "네 이 멋진 점이 하나님을 닮은 부분이란다"라고 자주 말해 주세요. 그 말이 자녀의 마음을 열고, 자녀는 그 믿음 속에서 자라납니다.

무엇보다 이 과정을 통해 부모가 하나님의 시선으로 자녀를 바라보는 기쁨을 누릴 수 있습니다. 부모의 한마디 격려가 자녀 인생 전체를 바꿀 수 있음을 기억하세요.

03 가정에 주신 영적 권위와 토대

부모가 먼저 영적 기초 다지기

사람이 느끼는 행복의 대부분은 좋은 가족 관계에서 온다는 말을 더욱 실감합니다. 우리 가족이 지금까지 좋은 관계를 유지해 올 수 있었던 비결은 단 하나예요. 제가 하나님을 인격적으로 만난 이후, 말씀을 꾸준히 연구하고 아이들에게 가르치며 삶에 일어나는 모든 일을 성경 원리로 해석하려는 습관을 지켜 온 거지요.

온 가족이 성경적 세계관으로 세상을 바라보니, 서로 의견이 달라도 큰 충돌 없이 위기의 순간을 잘 지나올 수 있었습니다. 특히 광야 같은 시기를 함께 통과하며, 오직 하나님만 붙드는 훈련을 했던 시간이 얼마나 감사한지 모릅니다.

우리 가족은 식사 기도 때마다 "우리 가정이 북한을 살리는 가정이 되게 해주세요"라고 기도합니다. 아이들은 처음에 그 의미를 잘 몰랐지만, 긴 세월을 이어오니 이 기도 제목이 가정의 실질적 사명이 되었습니다.

우리의 최종 목표는 52패밀리(아동 양육시설 아동과 자립준비청년을 돕는 단체)를 통해 더 구체화되어 통일 후 북한 고아를 돌보는 것입니다. 지금은 준비 단계로 국내 아동 양육시설 아이들과 자립준비청년들을 돌보고 있습니다. 아이들이 모든 과정을 직접 보고 함께해 왔기에 이보다 분명한 교육은 없다고 생각합니다. 물론 대학에 진학하고 현실을 마주하면서 잠시 흔들리는 시간도 있었지만, 오히려 그 과정을 통해 신앙과 사명이 더 단단해졌습니다.

가장 감사한 것은 아이들에게 "엄마 인생을 보면 증명되지 않니"라고 말할 수 있는 거예요. 수년간 하루도 빠짐없이 묵묵히 순종해 온 엄마의 삶과 순종을 귀히 사용하시는 하나님의 손길을 아이들이 똑똑히 지켜봤기 때문이지요. 그래서 저는 '순종'만이 답이라고 확신합니다. 이 진리를 부모로서 삶에서 증명할 수 있는 게 은혜입니다. 덕분에 지금껏 대를 이어 하나님의 꿈을 함께 이뤄가는 복을 누리고 있습니다.

결국, 성경적 자녀 교육의 근간은 부모가 먼저 하나님 앞에 바로 서서 말씀과 기도로 살아가는 것입니다. 그럴 때 가정에 영적 질서가 세워지고 세대 간 소통도 원활해지지요.

성경은 부모에게 가정을 작은 교회로 세우고, 영적 제사장으로서 자녀에게 신앙의 본을 보이라고 말씀합니다. 에베소서 6장 4절의 "너희 자녀를 노엽게 하지 말고"라는 말씀은 사랑 안에서 질서를 세우되 감정 폭발이나 억압으로 자녀에게 상처를 주지 말라는 뜻이지요.

부모가 먼저 영적 기초를 세울 때, 자녀는 '부모의 말'이 아닌 '하나님의 권위'에 순종하게 됩니다. 가정이 삼위일체 하나님의 사랑과 연합으로 충만해지면, 부모와 자녀는 자연스럽게 '하나님나라를 함께 세워가는 동역자'라는 정체성을 갖게 되지요.

성경 속 말씀을 살아낸 사람들

아브라함과 사라: 믿음의 조상으로 언약을 이어감(창 12:1,2, 17:7)

하나님께서 아브라함에게 말씀하십니다.

> 내가 내 언약을 나와 너 및 네 대대 후손 사이에 세워서 영원한 언약을 삼고 니와 네 후손의 하나님이 되리라 창 17:7

아브라함은 이 언약을 믿고 순종하여 믿음의 조상이 되었습니다. 대표적으로, 하나님께서 아브라함에게 이삭을 번제로 바치라고 하셨을 때(창 22장) 아브라함은 절대적 순종으로 반응했습니다.

이 사건은 이삭에게도 깊은 신앙의 본보기가 되었을 겁니다. 하나님은 "아브라함이 나의 말에 순종하고, 나의 명령과 나의 계명과 나의 율례와 나의 법도를 잘 지켰기 때문"(창 26:5 새번역)이라고 하시며 이삭에게도 복을 약속하셨고, 그 언약은 야곱과 요셉을 비롯한 온 민족에게로 계승되었지요.

이처럼 아브라함과 사라가 믿음으로 세운 가정은 이스라엘 민족 전체의 믿음의 뿌리가 되었고, 세대를 넘어 하나님의 언약을 펼쳐가는 토대가 되었습니다.

부모가 자녀에게 신앙과 인생을 가르치려면, 단지 부모의 권위를 내세우는 것만으로는 부족합니다. 아이가 어릴 땐 어느 정도 통제가 되지만, 사춘기가 되면 부모가 권위를 내세우는 행동이 갈등의 씨앗이 되기 쉽지요. 그래서 부모의 삶이 신앙 모델이 되어야 합니다. 교회나 밖에서의 모습과 집안에서의 모습이 다르면, 아이들은 큰 혼란과 실망을 겪고, 결국 부모의 교육적 권위와 자격을 부인하게 됩니다.

감사하게도, 저는 아이들에게 이런 말을 듣습니다.

"엄마, 진짜 존경해요."

"엄마는 제 신앙 롤모델이에요."

이보다 큰 복이 있을까요! 물론 저는 완벽한 부모가 아닙니다. 십 년 넘는 광야기를 지나며 세상적으로 자랑할 만한 것도 다 사라졌지요. 하지만 그동안 하나님 앞에 진실하게 살려고 애쓴 모습이 아이들에게는 강력한 본이 되었던 것 같아요.

저는 어려운 상황에도 매일 새벽에 일어나 기도하고 말씀을 묵상하며 하루를 시작했습니다. 그러면 하나님께서 주시는 기쁨과 평안으로 고난을 딛고 새롭게 도전할 수 있었지요. 또 아무리 바빠도 아이들에게 집밥을 먹이며 사랑을 전했습니다. 동시에 말씀 사역과 교회 봉사도 성실히 감당했지요.

그러다 하나님께서 제게 주신 디자인 재능이 감사해서 성전 꽃꽂이를 시작했습니다. 당시 꽃에 문외한이던 저는 매주 식물을 공부하며 꽃을 준비했어요. 경제적으로 어렵던 시기에 매번 자비로 꽃을 장만할 수 있었던 게 정말 기적 같았지요.

때로는 아이들이 조부모님에게 받은 용돈이나 저금통에 모아둔 동전이 꽃값이 되기도 했어요. 해외 출장을 가더라도 토요일에는 꼭 돌아와 꽃을 준비했고, 도저히 시간이 안 나면 아이들에게 대신 꽃을 사오도록 했습니다. 돈이 한푼도 없을 땐 들꽃이나 선물 받은 꽃으로 성전을 장식하기도 했어요.

한번은 꽃값이 없어서 간절히 기도하는데, 갑자기 어떤 분이 사무실로 찾아와서는 지나미 브랜드를 캐나다로 가져가고 싶다며 샘플 가방을 무려 천만 원어치 구입해 가기도 했습니다. 이토록 즉각적으로 응답해주신 주님께 너무나 감사했지요.

이 세월 동안 아이들은 제 삶을 곁에서 지켜봤습니다. 그러면서 작은 일에 충성하는 삶, 때를 얻든 못 얻든 하나님의 말씀을 전하려는 태도, 새벽 기도와 말씀 묵상을 사수하는 습관을 자연스럽게 배웠지요. 하나님과 동행하는 부모의 일상이 자녀에게 가장 강력한 교과서가 된 셈입니다.

어느덧 장성한 아들들은 하나님께 시선을 고정하며 '지금 이 상황이 하나님이 주신 최고의 환경'이라는 믿음으로 살아가고 있습니다. 제가 쌓은 작은 순종이 저를 살렸을 뿐 아니라 아이들의 삶도 성경적으로 인도해주었지요.

아브라함과 사라는 나이 들어 자녀가 없었지만, 하나님의 언약을 믿고 순종함으로 이삭과 야곱에게로 이어지는 믿음의 계보를 열었습니다. 오늘날 부모도 마찬가지예요.

'우리 가정이 언약을 이어갈 가정이다'라는 마음으로 작은 순종을 쌓아가며 신앙의 본을 보일 때, 자녀는 부모의 권위를 자연스럽게 인정합니다.

　"가정은 작은 교회, 부모는 영적 제사장"이라는 말은, 부모가 하나님 앞에서 살아내는 모습이 자녀 교육의 가장 강력한 무기라는 말과 같습니다. 부모가 진실한 신앙으로 하나님께 순종하는 삶을 살면, 자녀는 그 영적 권위를 인정하고, 세대를 넘어 하나님의 언약을 펼쳐 나가는 믿음의 동역자로 성장하게 되지요.

> **우리도 해봐요!** `실천 Tip`
> 우선순위 가르치기: 장난감 통 시청각 교육

초등학교 과학 시간에 일정량의 자갈, 모래, 흙을 통에 넣는 실험을 했던 기억이 납니다. 그때 순서가 중요하다는 걸 확실히 느꼈지요. 그래서 아이들에게도 우선순위의 개념을 알려주려고 '통 채우기 게임'을 종종 했는데, 효과가 컸어요.

큰 장난감, 중간 크기 장난감, 작은 구슬을 준비해서 유리병에 누가 더 빨리 많이 넣는지를 시합합니다. 이를 통해 아이들은 큰 것부터 작은 것 순서로 넣으면 유리병을 빈틈없이 채울 수 있다는 걸 알게 됩니다. 이때 '인생도 가장 중요한 것부터 채워야 한다'라는 원리를 알려주는 거예요.

우리 가정은 주말이 되면, 그 주에 놓친 일은 없는지 함께 돌아보는 시간을 가집니다. 한번은 큰아이가 "엄마, 나 이번 주엔 레고에 너무 빠져서 가족이랑 얘기를 거의 안 했어"라고 말했어요. 그래서 제가 말했습니다.

"그럼 다음 주엔 가족 대화 시간을 달력에 먼저 적어 놓을까?"

돌아오는 주에 저는 큰아이와 기쁘게 대화의 시간을 가졌답니다. 이렇게 하면 중요한 걸 놓치는 실수를 줄일 수 있어요.

삶이라는 유리병에 가장 먼저 채워 넣어야 할 건 무엇일까요? 바로 '말씀'이에요. 내가 왜 태어났고, 어떻게 살아야 하는지에 대한 답과 기준이 말씀에 나오기 때문이에요. 그다음에 채워 넣을 건 가족, 인격 성장, 건강과 같은 중요한 가치이고, 마지막엔 공부나 기술 습득 등을 채워 넣으면 됩니다. 의외로 많은 사람이 학업이나 스펙을 우선시하다가 정작 하나님의 말씀이 들어갈 자리도, 가족과의 대화 시간도 놓치곤 합니다.

하지만 가정에서 부모가 큰 것부터 채우는 습관을 들이면 '우리 집의 최우선 가치는 말씀과 가족'이라는 믿음이 자녀 마음에 뿌리내리게 됩니다. 그러면 잔소리를 안 해도 자녀 스스로 크고 중요한 것을 먼저 붙드는 습관을 익혀가지요.

저는 이 방법을 적용한 후, 아이들의 공부와 재능 계발이 눈에 띄게 성장하는 걸 경험했어요. 예전에는 "왜 공부해야 해요"라고 묻던 아이들이, 이제는 "하나님이 주신 사명을 이루려면 이 분야를 더 공부해야겠어요"라며 스스로 계획을 세우게 되었지요. 마치 큰 장난감 사이 빈틈을 작은 구슬들이 알아서 메우듯이, 하나님의 기준이 먼저 자리를 잡으니 공부나 기술 습득도 자연스럽게 따라오더군요.

04

자녀를 세상에 빼앗기지 말라

왜 순종 교육이 중요할까

부모의 끝없는 잔소리로 인해 부모 자녀 관계가 나빠지는 모습을 많이 봅니다. 잔소리를 하면 할수록 아이는 부모의 말을 귀담아듣지 않고 점점 거리를 두지요. 왜 이런 일이 벌어질까요? 결론부터 말하면, 어릴 때 '순종'을 제대로 배우지 못했기 때문입니다.

저는 명확하고 일관된 지시로 아이들이 어릴 때부터 부모의 말에 순종하도록 가정의 질서를 세웠어요. 당시에는 하나님을 알지 못했기에 제 기준을 의지할 수밖에 없었지요. 그러다 보니 자녀 교육에 대한 두려움이 더 컸습니다. 하지만 그 두려움이 하나님의 품을 깊이 경험하는 영적 전환점이 되었어요.

제가 하나님을 인격적으로 만나고 '말씀'이라는 확실한 기준이 생기자, 우리 가족은 가정의 질서를 재정비하게 되었습니다. 아빠는 아빠 자리, 엄마는 엄마 자리, 아이들은 자녀 자리를 찾았지요. 역할이 명확해지니 굳이 부모가 잔소리하지 않아도 아이들 스스로 말씀에 자신을 비춰보게 되었어요. 그로 인해 양육 스트레스가 거의 사라졌고, 그 자유함 덕분에 '입양'이라는 큰 도전도 망설이지 않고 할 수 있었던 것 같아요.

어떤 부모는 '아이에게 순종을 강요하는 건 자유를 억압하는 게 아닌가' 하고 걱정하며, 아이가 하고 싶은 대로 놔두기도 합니다. 하지만 성경에서 말하는 순종은 부모의 권위를 위한 수단이 아니라, 하나님이 자녀에게 주신 축복의 문을 여는 열쇠입니다.

> 자녀들아 주 안에서 너희 부모에게 **순종**하라 … 이로써 네가 잘되고 땅에서 장수하리라 엡 6:1,3

여기서 "순종"은 단순히 부모에게 복종하라는 의미가 아니라 하나님께서 세우신 질서 안에서 훈련받는 삶을 말해요. 자녀는 그 질서를 배우며 장차 영육의 복을 누릴 준비를 하게 되는 거지요.

어린 시절의 순종 훈련이 중요한 이유를 좀 더 살펴볼게요.

1. 어릴 때 형성되는 영적 질서

부모는 '가정'이라는 작은 교회의 리더로서 일상 속 사소한 지시를 통해 자녀에게 하나님의 권위에 순종하는 법을 자연스럽게 가르쳐야 합니다. 이 질서를 익힌 아이는 자라서도 하나님께 순종하며, 사회에서도 협력심과 자기통제력을 갖춘 건강한 인격체로 성장하지요.

2. 자기 주도적 삶의 토대

'아이가 부모 말에 순종하면 자유를 잃는 것 아닌가' 하고 걱정할 수 있지만, 오히려 건강한 규율을 배운 아이야말로 감정과 욕구를 잘 조절하며 자기 주도적이고 자유로운 삶을 누리게 됩니다.

3. 부모와 자녀 사이 신뢰 형성

권위를 사랑으로 행사하는 부모와 그 권위에 신뢰함으로 순종하는 자녀 사이에는 깊은 유대감이 형성됩니다. 부모의 지시가 잔소리가 아닌 충분한 설명과 함께 주어질 때, 아이는 부모가 자기를 진심으로 대한다고 느낍니다. 부모도 아이의 순종을 기쁘게 격려할 수 있지요. 이런 신뢰 관계에서 쌓아 올린 대화의 흐름은 청소년기에도 갈등 없이 이어지게 됩니다.

4. 영적 축복의 길

어릴 때부터 순종 훈련을 받은 아이는 하나님께 순종하는 법도 자연스럽게 배웁니다. 성경 말씀을 억압적인 규칙이 아닌 자기를 위한 선한 질서로 받아들이지요. 에베소서 6장 3절의 "잘되고 땅에서 장수하리라"라는 약속은 단지 오래 산다는 뜻이 아니라 영육의 복을 포함한 의미입니다.

5. 부모의 권위는 하나님의 권위를 비추는 창

순종 훈련을 받은 자녀는 부모를 통해 하나님께 순종하는 법을 자연스럽게 익히고, 부모 곁을 떠난 후에도 하나님 안에서 질서와 자유를 누릴 줄 알게 됩니다. 성경이 말씀하는 "약속이 있는 첫 계명"(엡 6:2)의 복을 실감하게 되지요.

물론 부모가 '내 말이 곧 하나님의 말'이라고 착각해선 안 되지만, 부모의 위치가 하나님이 세우신 권위 구조 안에 있음은 분명합니다. 따라서 부모가 자녀에게 줄 수 있는 가장 크고 실제적인 사랑 중 하나는 '어릴 때 순종을 가르쳐주는 것'이라고 믿습니다. 그것이 아이 인생의 든든한 뿌리가 될 테니까요.

영적 전쟁이다!

저는 세 아들과 갈등을 겪을 때, 마음속으로 '이건 영적 전쟁이야'라고 선포하고 진짜 적을 파악하려고 노력했어요. 그러면 아이에게 화가 덜 났지요. 그리고 아이에게도 영적 전쟁의 개념을 설명하며 누구와 싸워야 하는지를 알려주었어요. 그러면 아이의 태도도 눈에 띄게 달라지곤 했습니다.

대학에 합격한 둘째 아들이 게임에 푹 빠져 시간을 낭비하기 시작했어요. 평소 자기관리에 철저한 아이라 스스로 극복하겠거니 생각했는데, 점점 통제가 안 되고 가족에게도 예민하게 굴더군요. 그때 직감했어요.

'영적 전쟁이 시작되었구나.'

사단이 잘 쓰는 수법이 있어요. 바로 우리의 실패나 실망의 틈을 비집고 들어와 자존감을 끌어내리고 나쁜 습관을 심어줘서 가족 간 갈등까지 일으키는 거예요. 그래서 저는 '얘가 왜 이렇게 말을 안 듣지'라고 분노하기보다 '우리 아이가 지금 공격당하고 있구나. 같이 막아야겠다'라고 생각하며, 둘째에게 말했습니다.

"지금 우리 집에 영적 전쟁이 일어난 것 같아. 사단은 하나님이 네게 주신 '대학 입학'이라는 선물을 게임으로 허비하게 만들고 있어. 사단이 노리는 대로 갈 수는 없어. 우리 함께 대적해 보자."

그리고 구체적인 방법도 제안했어요.

"아침에 눈 뜨자마자 말씀 묵상과 기도로 네가 얼마나 소중한 존재인지를 확인하며 하루를 시작해 봐."

일어나자마자 세상 정보를 습득하거나 게임부터 하면, 자기도 모르게 '난 별것 아닌 사람… 오늘도 대충 살자'라는 패배감에 젖기 쉬워요. 그러나 영적인 것을 먼저 취하면, '나는 온 우주를 지으신 하나님의 자녀'라는 진리를 되새기게 됩니다. 그러면 시간을 허투루 쓰지 않겠다는 결단이 생기지요.

둘째는 이 제안을 받아들여 아침 루틴을 정비했어요. 그리고 얼마 뒤, 자신이 얼마나 존귀한 하나님의 자녀인지를 다시 깨닫고 스스로 게임에서 벗어나 자신감과 안정감을 되찾았지요. 가족에게 건네는 말투나 표정도 부드러워졌고요. 마치 '엄마, 아빠는 잔소리만 하는 존재가 아니라 날 위해 함께 싸워주는 내 편이구나'라고 느끼는 듯했습니다.

성경 속 말씀을 살아낸 사람들
아담과 하와: 선악과 앞에서의 불순종(창 3장)

아담과 하와가 선악과를 따먹은 건 단순히 열매 하나 몰래 먹은 사건이 아니었습니다. 하나님은 사람을 그분의 형상대로 지으셨고, 사람에게 세상을 다스릴 엄청난 권세를 주셨어요. 그러나 그것이 그들 마음대로 해도 된다는 뜻은 아니었지요.

'선악과'는 창조주와 피조물의 관계를 잊지 말라는 표징이었습니다. "이것만은 먹지 말라"라는 말씀은 하나님과 인간의 관계가 잘 유지되고 있다는 순종의 증거였지요. 하지만 아담과 하와는 뱀(사단)의 유혹에 넘어가 결국 하나님의 말씀을 어기고 말았어요. 그 불순종으로 죄가 세상에 들어왔고, 인간은 하나님의 영원한 생명에서 단절되었습니다.

감사하게도, 예수님(마지막 아담, 고전 15:45)이 우리의 죗값을 대신 치르심으로 하나님과 다시 연결될 수 있는 은혜의 길이 열렸습니다. 하지만 핵심은 하나님의 말씀을 저버리고 내가 주인이 되는 순간, 죄와 죽음을 피할 수 없다는 것입니다.

그래서 저는 자녀에게 어릴 때부터 하나님의 권위에 순종하는 법을 가르치는 게 자녀를 세상에 빼앗기지 않는 결정적 열쇠라고 확신해요. 아담과 하와의 불순종은 '말씀 없이 제멋대로 살면 어떤 비극이 오는지'를 보여주고, 예수님의 순종은 '하나님께 순종할 때 어떤 은혜와 구원이 임하는지'를 보여주기 때문입니다.

따라서 부모가 먼저 하나님 말씀에 순종하고, 자녀도 부모에게 순종함으로써 하나님의 통치 아래 살아가는 법을 배워야 해요. 아담과 하와가 말씀을 버린 지점이 인류 비극의 출발점이었듯이, 가정도 말씀에 기초한 순종이 무너지면 부모와 자녀 모두가 큰 고통을 겪습니다.

아담과 하와의 이야기는 우리에게 묻습니다.

"말씀 앞에 순종하며 살 것인가, 아니면 제멋대로 살다가 망할 것인가?"

입양한 막내딸 하랑이는 양육의 골든타임을 지나 만났기에 순종 훈련이 쉽지 않았어요. 그래서 갓 태어난 아기라고 생각하며 처음부터 차근차근 가정의 질서를 가르쳤지요.

"엄마는 엄마 자리, 아빠는 아빠 자리가 있어. 그리고 너는 딸로서의 특권과 책임이 있어. 가족이란 서로에게 책임을 지는 관계야. 네가 뭘 해서 보상받는 게 아니라, 우린 가족이기에 서로를 돌보는 거야."

입양이 확정되기 전, 하랑이가 양육시설과 우리 집을 오갈 때였어요. 어느 날, 하랑이의 거처가 어린아이들만 있던 방에서 청소년 언니들이 지내는 방으로 옮겨졌는데(보통 양육시설은 아파트 한 채에 여러 명의 아이와 교사가 함께 사는 구조예요), 그때부터 아이가 언니들의 사춘기 행동을 따라 하기 시작했어요. 그중 하나가 '사진 찍기 싫어하기'였어요. 제가 카메라만 들면 짜증을 내며 얼굴을 가리더군요. 그래서 휴대전화 앨범을 보여주며 하랑이에게 말했어요.

"오빠들 사진은 예쁘게 남아 있는데, 너는 늘 화난 표정뿐이네. 나중에 '왜 나만 예쁜 사진이 없지' 하고 속상하지 않겠어?"

그러자 아이가 묻더라고요.

"사진 찍으면 뭘 해줄 건데요?"

제가 말했어요.

"이건 보상의 문제가 아니야. 엄마가 네 소중한 순간을 기억으로 남겨주고 싶어서 찍는 거란다."

그렇게 하랑이는 조금씩 '가족'이라는 개념과 책임을 배워갔습니다.

우리는 우리를 창조하신 하나님이 주신 말씀대로 살 때 가장 안전하고 행복합니다. 가전제품도 설명서대로 쓸 때 고장 나지 않고 잘 작동하잖아요. 우리 인생도 말씀에 순종할 때 창조주의 온전한 목적을 따라 살아가게 되지요.

아담과 하와가 놓친 순종의 자리를 우리는 꼭 지켰으면 좋겠습니다. 그래야 아이들을 세상에 빼앗기지 않고, 궁극적으로 그들이 하나님의 축복 안에서 살게 될 테니까요.

> **우리도 해봐요!** `실천 Tip`
> **죄성과 영적 전투 인식하기**

부모 자녀 사이에 갈등이 생기면, 부모는 자녀를 문제의 주범으로 여기거나 서로 탓하기 쉽습니다. 하지만 부모와 자녀 모두 죄성과 연약함을 지녔고, 악한 영이 그 틈을 파고들어 가정의 평화를 깨뜨리려 끊임없이 공격한다는 사실을 인식해야 합니다.

이런 상황에서 필요한 것은 부모와 자녀가 서로를 적으로 여기지 않고 영적 동맹을 맺는 것입니다. 악한 영을 함께 대적하는 동료로서 아이를 바라보세요. "너 대체 왜 이래"라며 윽박지르는 대신, "이건 함께 이겨낼 문제야. 우리는 적이 아니라 한 팀이야"라는 시각으로 접근하면, 갈등의 본질이 선명해지고 해법도 빨리 깨달을 수 있습니다.

이때 부모가 자신의 죄성을 먼저 고백하면, 자녀가 분노나 반항을 내려놓게 할 수 있습니다. 부모와 자녀가 영적 전쟁을 함께 치를 동료가 되면, 서로를 향한 비난 대신 함께 이겨내려는 결단이 생기고, 가정은 더 견고해집니다.

다음 세 가지를 꼭 기억하세요.

1 지금은 치열한 영적 전쟁 중이다.
2 자녀는 적이 아닌, 악한 영을 함께 대적할 동료다.
3 진짜 적은 내 죄성과 악한 영이지 서로가 아니다.

믿어주면 자란다

PART

05
성경적 기다림

기다림의 기적

아들들에게 '엄마 교육의 가장 큰 장점'이 뭐냐고 물으면, 셋 다 "믿고 기다려 준 것"이라고 대답합니다. 사실 제가 아이들을 기다릴 수 있었던 건, 그들을 향한 하나님의 계획을 신뢰했기 때문이에요.

둘째 아들은 중학교 1,2학년 때 '뒤에서' 전교 삼등 안에 드는 성적을 유지했어요. '공부가 전부는 아니지' 하고 마음먹으려 해도 부모로선 아들의 성적을 받아들이기 쉽지 않았어요. 하지만 공부하라고 닦달한다고 되는 것도 아니고, 방치할 수도 없어서 그저 기도하며 하나님께 지혜를 구했습니다. 아이와는 '공부하는 이유'에 대해 자주 대화했고요.

저는 이렇게 말해 주었습니다.

"아들, 공부는 단순히 성적을 내기 위한 게 아니라 우리가 살아가는 세상을 배우는 거야. 여러 과목을 배우다 보면 네가 좋아하는 분야와 싫어하는 분야가 보일 거고, 좋아한다는 건 그 안에 네 재능이 있다는 뜻이야. 재능을 키우면 직업이 되고, 직업은 네게 행복을 주지. 그리고 좋아하는 일을 잘하려면 실력이 필요해. 한번 도전해 볼래?"

그러던 어느 날, 아이가 말했습니다.

"엄마, 저만 학원에 안 다녀요. 저도 보내주세요."

그래서 아이 친구가 다니는 학원을 알아봤지만, 한 과목에 수십만 원이나 하는 비용을 감당할 수가 없었어요. 그런 상황을 솔직하게 설명하자, 아이는 괜찮다고 했지요. 물론 진짜 괜찮다는 뜻은 아니었을 거예요. 학교 수업 자체가 학원의 선행학습을 전제로 진행되었으니까요. 결국, 아이는 반항하듯 공부를 놓아버렸고, 성적은 계속 바닥을 맴돌았습니다.

하루는 아이가 이렇게 말하더군요.

"다들 학원 다녀서 시험 족보도 있고 도움을 받는데, 저만 혼자 하니까 불공평해요."

저도 그 말에 공감했어요.

"그래, 속상하겠다. 엄마도 세상이 불공평하다고 느낄 때가 많아. 하지만 그 기준으로만 보면 세상은 늘 불공평해. 어떤 사람은 그 불공평함 때문에 평생 상처만 받고 살지만, 어떤 사람은 그 문제를 풀어보려고 열심히 노력한단다. 엄마는 네가 문제를 푸는 사람이 될 거라 믿어."

그 후 약 일 년 반 동안, 저는 아이를 기다려주었어요. 공부보다 먼저 해결할 것은 '왜 공부해야 하는가'라는 내면의 동기라고 생각했거든요. 마음이 준비되지 않은 아이에게 공부하라는 잔소리를 반복하면 관계만 나빠질 게 뻔했으니까요. 게다가 공부의 필요성은 본인이 절감하고 있을 테니, 제가 잔소리까지 더하면 불난 집에 기름 붓기가 될 것 같았지요.

그래서 믿어주기로 했어요. 아이를 믿는 마음도 있었지만, 근본적으로는 하나님의 계획을 신뢰했기 때문이에요. 저는 아이가 공부에 조금이라도 관심을 보이면, 그 순간을 놓치지 않고 칭찬하고 응원해 주었습니다. 그렇게 조용히 기다리던 어느 날, 기적이 일어났어요.

중학교 2학년 2학기쯤, 아이가 슬슬 마음을 잡더니 방문을 열어도 모를 만큼 공부에 집중하기 시작했어요. 아이 눈은 열정으로 이글거렸고, 그 열기가 마치 책을 태울 듯 뜨거웠지요! 각고의 노력 끝에 아이는 학원 한 번 안 다니고 가장 가고 싶어 하던 대학에 당당히 합격했습니다.

저는 다시금 깨달았어요. 믿고 기다려주는 힘이 얼마나 위대한지를, 하나님의 때와 방법을 신뢰하는 게 최고의 열매를 맺는 길이라는 것을요.

오직 성령의 열매는 사랑과 … **오래 참음과** … 갈 5:22

내 형제들아 너희가 여러 가지 시험을 당하거든 온전히 기쁘게 여기라 … **인내**를 온전히 이루라 이는 너희로 온전하고 구비하여 조금도 부족함이 없게 하려 함이라 약 1:2,4

성경에서 말하는 "인내", 곧 기다림은 방치가 아닙니다. 하나님의 때와 방법을 믿으며 오래 참고 견디는 적극적이고도 능동적인 행위예요. "오래 참음"을 성령의 열매라고 한 것도 기다림이 하나님의 성품을 닮아가는 과정이라는 뜻이지요.

부모가 자녀를 여유 있게 기다려줄 때, 아이는 자기 속도에 맞춰 성장할 기회를 얻습니다. 저도 네 아이를 키우며 문제를 빨리 해결해 주기보다 오래 참고 기다렸을 때, 아이들이 회복탄력성과 자기 주도성을 키워가는 모습을 많이 봤습니다.

하나님 안에서의 기다림은 결과 이상의 의미가 있습니다. 기다림을 통해 아이의 내면이 단련되고, 온 가족이 하나님의 은혜를 체험하기 때문이지요. 이스라엘 백성이 광야를 지나며 하나님의 신실하심을 깨달은 것처럼 부모가 인내하면 아이도 점차 '하나님의 때가 가장 좋다'라는 사실을 배우게 됩니다.

세상 기준으로는 기다림이 '지연'처럼 보이지만, 성경적 시각으로는 '영적 성숙'을 이루는 훈련입니다(갈 5:22,23, 약 1:2-4). 부모가 자녀를 믿고 인내하면 하나님의 때, 아이 스스로 자라나는 힘을 얻습니다.

'아이가 계속 공부를 안 하면 어쩌나' 하는 조바심이 드나요? 하나님이 아이를 통해 어떤 일을 하실지 기대하세요. 지금 뒤처지는 것처럼 보여도, 언젠가 꽃피울 거라는 믿음으로 아이를 바라보세요. 그러면 아이도 부모의 여유와 신뢰를 느끼고 안정적으로 자기 길을 찾아갈 겁니다.

기다림에는 하나님이 준비하시는 오래 참음의 기적이 담겨 있습니다. 제가 직접 체험했기에 말할 수 있어요. 경영을 전공한 큰아들은 군 제대 후 인턴 자리를 구하며 수백 통의 지원서를 냈지만, 번번이 떨어졌습니다. 그때 저는 속상한 마음을 감추고 응원해 주었어요.

"엄마는 이 시간을 통해 하나님께서 네게 더 중요한 영적 스펙을 쌓게 하시는 거라고 믿어. 요셉처럼 하나님의 때가 있을 거야. 지금은 준비하는 시간이니 끝까지 최선을 다해 보자!"

그러다 한 대기업에서 합격 통보가 왔어요. 그런데 다음 날 회사로부터 인원 조정으로 출근이 어렵게 됐다는 연락을 받았고, 아이는 크게 낙심했지요. 하지만 그때도 "하나님이 막으시는 것도 기도 응답이야. 더 좋은 길이 준비되어 있을 거야"라고 격려해 주었습니다.

이후 큰아들은 몇 번의 실패를 더 겪고, 방학 바로 전날, 한 중소기업에서 합격 통지를 받고 인턴으로 입사했습니다. 그리고 그곳에서 회사 대표와 미국 출장에 동행할 만큼 폭넓은 실무와 리더십을 배우게 되었어요. 대기업 인턴이었다면 서류 작업이나 잡무만 했을 텐데, 작은 회사라 기업의 전체 구조와 업무 흐름을 익힐 수 있었고, 상사들에게 실무 능력도 인정받았지요.

삼 개월의 인턴 기간을 훌륭히 마친 큰아들은 다시 도전해서 원하던 회사에 입사했고, 지금은 어디에 지원해도 부족하지 않을 탄탄한 스펙을 쌓아가고 있답니다.

이 과정을 지켜보면서, 큰아들이 하나님의 때를 기다리며 성실히 준비하는 시간의 의미를 배운 게 너무 감사했어요. 크로노스를 허투루 보내지 않고 주어진 작은 일에 충성했더니, 카이로스가 열리는 걸 경험한 거지요.

크로노스(chronos): 흐르는 일상의 시간

카이로스(kairos): **하나님이 정하신 특별한 때**

하나님은 우리의 크로노스를 사용하셔서 카이로스를 열어가십니다. 하루하루의 성실과 순종이 모여 하나님이 예비하신 특별한 때를 맞게 되는 거지요.

성경 속 말씀을 살아낸 사람들
요셉: 고난 속에서도 하나님의 때를 기다림(창 37-50장)

요셉 이야기는 오랜 기다림이 하나님의 선한 목적을 이루는 과정이 될 수 있음을 보여주는 대표 사례입니다.

저는 자녀를 키우면서 요셉의 인내를 자주 떠올립니다. 특히 아이들이 기대보다 더디게 성장하거나 예상치 못한 어려움을 만날 때, 요셉의 길고 억울한 고난이 인생의 끝이 아니었음을 되새기며 위로와 힘을 얻지요.

요셉은 형들에게 미움을 받아 노예로 팔리고, 억울한 누명을 쓰고 감옥에 갇히는 등 인간적으로는 참기 힘든 부당한 고난을 겪습니다. 세상 기준으로는 망한 인생처럼 보였지만, 그는 하나님의 계획을 신뢰하며 노예로 살든 감옥에 갇히든 매일을 성실과 인내로 살아냅니다.

마침내 하나님의 때가 이르자, 요셉은 애굽의 총리가 되어 기근 속에서 수많은 생명을 살리는 중대한 사명을 감당합니다. 그리고 형들과 재회한 자리에서 충격적인 고백을 하지요.

"형들이 나를 팔았지만, 실은 하나님께서 나를 형들보다 먼저 이곳에 보내신 겁니다."

요셉은 자신의 고난을 하나님의 관점으로 재해석합니다. 그래서 형들을 미워하는 대신, 자신이 하나님의 큰 그림에 속했다는 사실을 깨달았지요.

이 섭리는 제 인생에도 매우 중요한 가르침이 되었습니다. 저도 십여 년의 광야 세월을 성실과 인내로 묵묵히 걸으며 하나님의 카이로스를 경험했으니까요. 그 시절, 저는 아이들에게 자주 말했습니다.

"요셉처럼 하나님의 때를 믿고 기다리는 연습을 해보자."

하랑이를 입양할 때도 마찬가지였습니다. 입양이 확정되기 전에 아이는 일주일 중 닷새는 우리와 함께 지냈고, 이틀은 양육시설에서 지내야 했습니다. 하랑이와 매주 생이별하며, "밤에 엄마 아빠 보고 싶어서 침대에서 울었어"라는 아이의 말을 들을 때마다 마음이 찢어지듯 아팠어요. 그때마다 저는 아이에게 요셉 이야기를 들려주었습니다.

"하랑아, 이 시간도 하나님의 특별한 계획하심 안에 있는 거니까, 우리 조금만 더 기다려 보자."

비록 힘들었지만, 서로의 소중함을 깊이 깨닫는 은혜의 시간이기도 했습니다. 하랑이는 그 과정을 통해 하나님의 때가 있다는 걸 배우고 인내심도 기르게 되었지요.

하나님을 닮은 성실과 인내로 '하나님의 때'를 기다리다 보면, 분명히 요셉처럼 선한 열매를 맺는 순간이 찾아옵니다. 부모가 자녀를 믿고 인내하며 기다릴 때, 아이는 자기만의 속도로 자라납니다. 그리고 이렇게 고백할 거예요.

"하나님의 때가 가장 좋았어요."

> **우리도 해봐요!** `실천 Tip`
> **기다림과 함께 작은 순종 쌓기**

　기다림은 방치가 아닌 '준비'입니다. 하나님의 뜻을 묻고, 그분의 때를 기대하며, 하루를 성실히 살아가는 태도를 배우는 시간. 자녀에게 기다림이 헛된 시간이 아닌 하나님의 열매를 맺는 때임을 자주 말해 주세요. 그러면 자녀가 '아, 지금이 끝이 아니라 과정이구나' 하고 긍정적인 기대를 하게 됩니다.

　부모가 기다림을 통해 얻은 열매에 관한 간증을 자녀에게 나눠 주면 더욱 좋습니다. 유아기 자녀와는 씨앗 심기, 식물 기르기 등 '자람의 시간'을 직접 관찰할 수 있는 활동을 함께해보세요. 훌륭한 시청각 교육이 됩니다.

　저도 십 년 넘게 광야기를 지나다가 '52마켓'과 사단법인 '52패밀리'라는 열매를 맺었습니다. 아이들은 그 과정을 지켜보며 '나도 엄마처럼 매일 성실하게 준비하면 하나님이 열어주시는 때를 만나겠구나' 하고 생각하며, 작은 일에도 최선을 다하게 되었지요.

　기다림은 불확실한 시간을 흘려보내는 막연한 기간이 아닙니다. 하나님이 정하신 특별한 때를 향해 걸어가는 믿음의 여정이지요. 부모가 자녀를 기다리며 꾸준히 격려하면, 자녀는 하나님의 때를 기대하며 스스로 걸어갈 힘을 얻습니다. 이것이 성경적 삶입니다.

기다림이 영적 성숙으로 빚어지는 이 감사한 시간을 통해, 우리는 하나님의 계획이 내 인생에 이루어지는 진정한 형통을 누릴 수 있습니다.

06 서로의 책임과 역할

하나님께 위임받은 권위

하랑이가 처음 우리 집에 왔을 땐 자주 바뀌는 양육 환경 탓인지 거절감이 깊고 반항이 심했어요. 하지 말라고 하면 못 들은 척하기 일쑤였고, 울고 떼쓰며 원하는 걸 얻으려 하곤 했지요. 그런데 이미 세 아들을 키우며 익힌 성경적 원리와 실전 노하우가 있었기에 화내는 대신, 왜 그 행동이 하랑이와 다른 사람에게 해가 되는지를 차분히 설명했습니다.

울고 소리 지르던 아이가 "엄마, 나 안 사랑해"라고 물으면 "네 행동은 잘못됐지만, 엄마는 널 언제나 사랑해"라고 확인시켜 주었지요. 아이가 수긍하면 꼭 안아주었고요. 그리고 성경 속 비슷한 이야기를 재미있게 빗대어 들려주었습니다.

시간이 흘러 아이는 조금씩 마음을 열었고, 엄마의 사랑에 대한 믿음을 갖게 되었어요. 더 나아가 자기 행동을 돌아보는 태도를 익혔지요. 지금은 놀라울 만큼 밝게 자라나 자기 의견을 똑 부러지게 말하면서도 잘못을 깨달으면 금세 인정합니다. 저 역시 이 과정을 통해 부모의 권위는 하나님이 주신 것이고, 사랑과 인내와 일관된 훈계가 아이를 변화시킨다는 걸 확인했어요.

52패밀리 사역에서 만난 양육시설 조카들도 마찬가지였습니다. 현재 우리나라 복지 수준이 높아져서 양육시설의 물질적 결핍은 많이 줄었어요. 하지만 아이들을 만나 보니, 정서적 결핍은 여전히 심각했어요.

한 아이가 평생 수십 명의 '엄마'(보육교사)를 만나고 또 떠나보내다 보니, '나는 하나님 안에서 존귀한 존재'라는 사실과 '사랑에 근거한 순종과 절제'와 같은 개념을 배우기가 어려운 실정이었지요. 게다가 아이가 잘못을 해도 보육교사 엄마들의 교대 시간만 지나면 된다는 생각이 몸에 배어있기도 했고요.

하랑이도 초반엔 "네" 하고 대답해 놓고, 돌아서면 같은 행동을 반복했어요. 그런데 여러 조카에게서 이런 패턴을 발견하면서 아이들이 자란 양육시설 시스템 때문임을 알게 되었어요. 가정에서 하나님의 말씀을 기준으로 자녀에게 순종과 생활 규범을 가르치는 게 얼마나 중요한지를 실감했습니다.

사실 부모 자녀 관계는 하나님과 '나'의 관계를 배우는 첫 단계거든요. 따라서 부모는 '내 권위는 하나님께서 위임하신 것'임을 분명히 알고, 자녀에게 징계와 사랑을 균형 있게 주어야 합니다. 초등학교 입학 전까지 조금 엄하다 싶을 정도로 규칙과 질서를 일관되게 가르치면, 아이는 자라서도 건강한 신앙과 관계를 이어가지요. 하지만 안타깝게도 요즘은 자녀를 귀하게만 여기고 훈계는 소홀히 해서 청소년기, 청년기 자녀와 부모 사이에 갈등이 폭발하는 일이 많습니다.

결국 "주 안에서 순종하라"라는 성경적 명령이 부모와 자녀의 서로 다른 역할과 책임을 가장 아름답게 구현하는 비결임을 깨닫습니다. 자녀는 부모의 권위를 통해 하나님을 보고, 부모는 하나님이 맡기신 자녀임을 기억하며 사랑과 징계 사이에서 영적 질서를 세워야 합니다.

성경 속 말씀을 살아낸 사람들

다윗과 압살롬: 징계와 신뢰(삼하 13-18장)

사무엘하에 나오는 압살롬의 이야기를 한마디로 요약하면, '아버지의 권위를 인정하지 않은 아들이 가정과 나라를 무너뜨린 비극'입니다. 이는 단순한 불효가 아니라, 부모의 권위와 징계가 무너졌을 때 자녀가 어떤 선택을 하는지를 보여주는 아주 현실적인 경고이기도 합니다.

압살롬은 이복형 암논이 누이 다말을 범했을 때, 아버지 다윗이 뚜렷한 징계나 조치를 하지 않는 걸 봅니다. 그러자 내면에 '이런 큰 죄를 그냥 넘어가다니'라는 실망과 분노가 쌓이면서 아버지의 권위 자체를 신뢰하지 않게 되지요. 그래서 결국 <u>스스로 암논을 죽여 복수하고</u>, 나중에는 왕권에 도전하는 반역까지 일으킵니다.

압살롬이 처음부터 악한 마음을 품었을까요? 그렇지 않았을 수도 있어요. 아버지를 향한 의문과 분노가 시작점이었을지 모릅니다. 그래서 그는 아버지의 권위는 무력하다는 결론을 내리고, 끝내 나라까지 뒤흔드는 비극을 초래한 겁니다. 만약 다윗이 암논을 일관된 원칙으로 징계했다면, 압살롬이 극단으로 치닫지 않았을 수도 있어요.

이처럼 사랑하니까 봐주는 태도는 오히려 자녀에게 공정함에 대한 혼란을 야기하고, 더 큰 반발심을 불러일으킵니다. 압살롬의 이야기는 자녀를 적절히 징계하지 않고, 자녀와 소통하지 않으면 부모 자녀 관계가 얼마나 위험해질 수 있는지를 여실히 보여주는 예입니다.

> 주께서 그 사랑하시는 자를 징계하시고 그가 받아들이시는 아들마다 채찍질하심이라 하였으니 히 12:6

자녀에게는 사랑뿐 아니라 올바른 기준에 따른 징계도 반드시 필요합니다. 부모가 신뢰와 존중 위에서 자녀를 징계하면, 자녀는 부모의 권위를 존중합니다.

저도 아이들을 키우며 일관된 규칙과 따뜻한 믿음이 공존할 때, 아이들이 제 권위를 기쁘게 받아들인다는 걸 알았습니다. 아이가 초등학교 입학 전까진 비교적 엄격하게 지도했어요. 회초리를 들 때도 감정이 아닌 원칙에 따라 정해둔 '벌 막대'를 사용했고, 아이와 충분히 대화한 후에 아이 스스로 "손바닥 몇 대 맞을게요" 하는 식으로 벌을 정하게 했지요.

그리고 체벌이 끝나면 꼭 안아주며 말했어요.

"너는 엄마에게 너무 소중한 존재야. 하지만 오늘 한 행동은 잘못됐어. 다음엔 이렇게 하지 말자."

반면에 규칙 밖의 영역에선 아이의 의견을 폭넓게 존중했어요. 내 마음에 안 들어도 잔소리를 꾹 삼켰지요. 만일 정정할 내용이 있으면 성경 속 예시를 들며 '이 선택이 왜 좋은지'를 자녀 눈높이에서 설명해 주며, 스스로 적용하게 했어요.

돌아보면, 규칙과 신뢰가 함께 작동했을 때 아이들이 제 말을 잔소리로 듣지 않고 '사랑의 가이드라인'으로 받아들인 것 같아요. 아이들이 부모를 두려워하기보다 믿고 따르는 분위기에서 자란 덕에, 훗날 "엄마, 아빠는 항상 우리를 믿어줬어요"라고 고백하게 되었지요.

여기서 중요한 포인트가 있어요! 아이를 믿어준다는 건, 하나님을 믿는 데서 출발한다는 사실이에요. 부모에게 '우리 아이를 향한 하나님의 특별한 뜻이 있다'라는 확신이 있어야 자녀를 올바른 기준으로 일관되게 징계할 수 있어요. 또 자녀를 하나님이 주신 귀한 존재로 바라보며 "너는 존귀한 아이야"라고 마음을 담아 얘기해 줄 수 있지요.

아이가 잘못했을 땐 "너는 존귀하지만, 이런 행동은 하면 안 돼"와 같은 분명한 태도를 보이세요. 이를 통해 자녀는 '하나님이 세우신 부모의 권위'를 받아들입니다. 부모의 권위를 통해 자녀는 하나님의 뜻 아래 자라나고, 가정은 하나님의 질서 안에 든든히 세워지지요.

> **우리도 해봐요!** `실천 Tip`
> **자녀와 함께 규칙 정하기**

　자녀가 직접 규칙과 후속 조치(징계)를 정하도록 유도해 보세요. 그러면 부모의 일방적 지시가 아닌 자기만의 기준이 내재화됩니다. 또한 '돌아올 길'을 반드시 열어주세요.

　예를 들어 "이제 괜찮아. 엄마, 아빠는 여전히 널 사랑해"와 같은 회복의 선언을 아이에게 해주세요. 그래야 자녀가 부모에게 마음을 닫지 않아요.

　우리 가정은 일주일에 한 번 '무비 타임'을 정해 좋아하는 프로그램이나 영화를 아이들과 함께 보았어요. 게임 시간도 일주일에 한 번, 한 시간으로 정했고요. 이 규칙을 온 가족이 함께 세우고 지켰습니다. 부모도 예외가 아니었지요.

　게임 시간이나 무비 타임을 초과한 경우엔, 고의인지 실수인지 대화를 나눈 뒤에 아이가 스스로 정한 벌을 받게 했습니다. 세 번 반복하면 가장 무서운 벌인 '다음 주 기회 없애기'를 적용했어요. 아이들과 함께 정한 규칙이었기에 대부분 잘 지켰습니다. 부모로서

'이번 한 번은 봐줄까' 싶은 순간도 있었지만, 일관성이 무너지면 규칙 자체가 무의미해지니 꾹 참았어요.

아이들의 스마트폰 사용에 관해선 고민이 많았어요. 첫째에게는 대학 입학 후에 처음 사줬고, 이전엔 전화 기능만 있는 기기를 중학교 때 잠시 쥐어줬어요. 그런데 아이가 별로 필요성을 못 느껴 안 들고 다니는 경우도 많았지요.

혹자는 "아이들이 부모 없을 때 몰래 하지 않았을까요"라고 묻는데, 그럴 수도 있습니다. 하지만 저는 의심하지 않기로 마음먹었어요. 내가 아이를 먼저 믿어주면, 아이도 그 믿음을 지키려 책임 있게 행동한다는 걸 경험했거든요.

실제로 몰래 한 것 같은 정황이 포착됐을 때도 모른 척 넘어갔어요. 아이가 이미 규칙을 알고 있고, 오랫동안 지켜왔기에 스스로 반성할 시간을 주는 편이 낫다고 판단했거든요.

단, '세 번 몰래 하면 그땐 직접 말하기'라는 저만의 기준을 세워, 그 선을 넘었을 땐 아이들과 터놓고 이야기했어요. 필요하면 함께 규칙을 점검하거나 추가하기도 했지요. '정말 하고 싶을 땐 솔직하게 말하기'와 같이, 자녀의 성장 단계에 맞춰 규칙도 계속 업그레이드했어요. 그 과정에서 제가 아이들에게 자주 한 말이 있습니다.

"엄마는 게임 때문에 너를 의심하고 싶지도 않고, 우리의 신뢰를 깨고 싶지도 않아."

이 말에 아이들은 마음을 열었고, 어느덧 대학생이 됐는데도 여전히 부모가 싫어할 만한 일은 먼저 와서 이야기한답니다. 그래서 아이를 먼저 믿어주는 게 상호 신뢰의 다리를 놓는 강력한 방법임을 알았지요.

07
선택과 결정의 기회 주기

신뢰가 깊어지는 선택과 결정

자녀에게 작은 결정이라도 스스로 하도록 기회를 주면, 부모와 자녀가 서로를 더 깊이 신뢰하게 됩니다. 저는 아이들이 어릴 때부터 되도록 선택지를 직접 고르게 했습니다. 결정과 책임을 함께 배우게 하려는 의도였지요.

둘째가 초등학생 시절, 생일 선물로 개를 키우게 해달라고 하더군요. 당시 저는 일하면서 세 아들을 돌보느라 개까지 책임지긴 벅찼지만, 아이가 간절히 원하니 가족회의를 열었습니다. 제가 아이에게 물었어요.

"개를 키우려면 매일 밥 주기, 물 갈기, 배변 치우기, 산책과 목욕시키기 등 해야 할 일이 산더미인데, 감당할 수 있겠니?"

"네! 그 정도는 해낼 수 있어요!"

"며칠은 괜찮겠지만, 꾸준히 돌보는 건 쉬운 일이 아니니 신중히 생각해 봐."

"네! 꼭 책임지고 키울게요!"

"그리고 개와 함께 산다는 건 가족 모두의 동의가 필요해. 형과 동생 의견은 어때?"

아이들은 자기들끼리 충분히 토론하더니 개를 키우기로 대동단결했고 각자 역할도 정했지요. 때마침 지인 SNS에서 새 주인을 찾는 강아지를 발견했고, 둘째 아들의 생일날 '진주'라는 강아지가 우리 집에 오게 되었습니다.

주변에선 바쁜데 개까지 돌볼 여력이 있냐고 물었지만, 실제로 저는 쓰다듬어 주는 정도만 했어요. 둘째가 밥 주기, 산책과 목욕시키기 등을 책임감 있게 감당했지요. 지금도 방학이면 아이들이 집으로 돌아와 열다섯 살이 된 진주를 잘 돌보고 있답니다. 이 일로 아이들은 '선택'과 '책임'을 배웠고, 저도 아이들에게 믿음과 신뢰가 생겨서 더 많은 결정권을 맡겼습니다.

하나님께서는 사람에게 '자유의지'를 주셨습니다. 부모 자녀 관계도 마찬가지예요. 부모가 대신 모든 걸 결정하거나 반대로 아무것도 제시하지 않고 방치하면 균형 잃은 양육이 되기 쉽습니다. 적절한 범위 안에서 스스로 선택하고 결정하도록 기회를 주는 게 자녀가 하나님이 허락하신 자유와 책임을 훈련할 수 있게 하는 길이지요.

> … 내가 생명과 사망과 복과 저주를 네 앞에 두었은즉 **너와 네 자손이 살기 위하여 생명을 택하고** 신 30:19

> … **너희가 섬길 자를 오늘 택하라** 오직 나와 내 집은 여호와를 섬기겠노라 하니 수 24:15

모세가 "너와 네 자손이 살기 위하여 생명을 택하고"라고 했지만, 선택 자체는 인간에게 맡겼습니다. 여호수아도 "너희가 섬길 자를 오늘 택하라 오직 나와 내 집은 여호와를 섬기겠노라"라고 분명히 밝혔지요.

이처럼 부모가 가치와 원칙을 충분한 설명과 함께 제시하되, 결정은 아이가 하도록 열어두는 게 중요합니다. 결정권을 가진 아이는 책임과 성장을 동시에 배우게 되지요.

1. 잘못된 결정 → 책임감을 배우는 기회

자녀가 스스로 결정한 뒤 실패하면, 실패의 원인을 고민하면서 회복탄력성이 생기고 책임감도 배우게 됩니다.

2. 올바른 결정 → 성취감과 자기 주도성 강화

자녀가 바르게 선택하여 좋은 결과를 맛보면, '내가 선택한 일이 이렇게 보람 있구나' 하는 성취감을 맛보며 자기 주도성이 자라납니다.

3. 부모와 자녀 사이 신뢰 형성

작은 선택 앞에서도 부모가 조언은 하되 결정권을 자녀에게 주면, 자녀는 부모가 자신을 존중하고 믿어준다고 느껴요. 이로써 자녀는 자유와 책임을 훈련할 기회를 얻고, 부모는 자녀를 인정하고 신뢰하게 됩니다. 부모 자녀 사이에 상호 신뢰가 더욱 단단해지지요. '선택과 책임 훈련'은 자녀와 부모를 함께 성장시키는 귀한 과정이랍니다.

성경 속 말씀을 살아낸 사람들

아담과 하와: 잘못된 선택으로 선악과를 따먹음(창 3장)

하나님께서 인간에게 자유의지를 주셨지만, 선악과는 하나님의 주권을 인정하고 질서를 지키는 책임을 배우게 하려는 상징이었어요. 그러나 아담과 하와의 잘못된 선택으로 인간에게 죄와 죽음이 들어왔고, 인간은 하나님과 멀어지고 말았지요. 하지만 하나님은 인간의 타락에도 불구하고 구원의 계획, 곧 여자의 후손을 통한 회복의 길을 예비하셨습니다.

자녀가 실수하거나 잘못 선택해도 부모가 회복의 기회를 열어준다면, 그 실패의 경험은 자녀에게 책임과 성장을 배우는 자양분이 됩니다.

저는 하랑이에게 용돈 대신 '칭찬 스티커'를 주었어요. 스티커 열 장을 모으면 오천 원 상당의 물건을 살 수 있게 했지요. 한번은 하랑이가 한 달간 모은 스티커로 평소 좋아하지도 않는 인형을 사겠다고 했어요. 충동적인 선택 같아 말리고 싶었지만, 선택과 책임의 원리를 생각하며 아이에게 물었습니다.

"스티커를 다 쓰면 정말 필요한 걸 못 살 수도 있는데 괜찮아? 이 인형, 예전에도 잘 안 갖고 놀았잖아. 이번에도 후회하면 어쩌지?"

하지만 하랑이는 "후회 안 해, 이 인형이 좋아졌어"라며 결국 인형을 구입했어요. 그리고 며칠 뒤 "엄마, 이 인형 재미없어. 스티커도 다 썼는데…"라며 시무룩한 표정을 짓더군요. 저는 아이에게 차분히 말했어요.

"이건 네가 선택한 거니까 책임도 네 몫이야. 다음엔 어떻게 하면 좋을지 함께 생각해 볼까?"

하랑이는 조용히 고개를 끄덕이며 "다음부턴 여러 번 생각하고 스티커를 써야겠어. 지금 너무 후회가 돼"라고 하더군요. 그 뒤로 아이는 스티커를 훨씬 신중하게 사용했어요. 꼭 필요한 걸 먼저 사고, 다음 기회를 위해 스티커를 남겨두는 등 우선순위를 스스로 세우기 시작했답니다.

이 경험을 통해 잘못된 선택도 배움이 된다는 걸 깨달았어요. 작은 실패가 아이에게 경제 감각과 선택 능력을 키워주는 값진 수업이 되었지요.

우리도 해봐요! 실천 Tip
'둘 중 하나 고르기'로 자기 주도성 훈련하기

하랑이는 원래 편식이 심했어요. 그래서 끼니마다 두 가지 메뉴 중 하나를 고르게 했지요.

"오늘 저녁은 조개 미역국과 소고기뭇국! 둘 다 몸에 좋은 영양소가 많단다."

하랑이는 "소고기뭇국이 낫겠어요. 미역국은 어린이집에서 먹었거든요"라며 덜 부담스러운 음식을 골랐어요. 스스로 고른 음식이라 그런지 훨씬 잘 먹더군요. 온 가족이 "오늘은 하랑이가 뭘 고를까" 하며 은근히 기대했고, 식사 분위기도 훨씬 밝아졌습니다. 가끔 하랑이가 "둘 다 싫어"라고 하면, "어쩔 수 없지. 엄마가 정할 수밖에… 아니면 하랑이가 직접 도전해 보는 게 어때" 하며 결정권을 돌려주었어요. 그러면 마지못해서라도 하나를 택하곤 했지요.

이 과정을 여러 번 반복하자, 아이가 고르는 행위 자체를 좋아하게 되었고, 책임감도 생겼습니다. 이제는 별로 안 좋아하던 갑각류나 김치찌개도 먹어보려고 시도할 만큼 식습관이 좋아졌어요. 결정을 존중받은 경험이 자기 주도적 식습관으로 이어진 거지요.

하나님의 시야로 키우기

PART

08
목말 태우기 육아

어깨너머로 만나는 하나님

자녀를 키우다 보면, 목말 태우기를 하는 순간이 찾아옵니다. 보통 아이를 목말 태우는 이유는, 사람이 많이 모이는 행사장 같은 곳에서 아이의 시야를 막는 게 있을 때, 부모가 아이를 어깨 위로 올려 더 잘 보이게 하려는 거지요. 그러면 아이 시야가 트여 훨씬 멀리 볼 수 있으니까요.

이 원리는 영적 시야에도 적용됩니다. 부모가 광야 같은 세월을 지나며 눈물로 하나님을 붙들고 경험한 영적 세계는 아직 아이 시야가 닿지 못하는 곳입니다. 이때 부모는 아이를 들어올려, 하나님이 어떻게 일하시는지를 보여줄 수 있어요. 아이가 보지 못하는 하나님의 계획과 뜻을 먼저 깨달은 부모가 아이를 들어 올려 보여주는 것이 '목말 태우기 육아법'입니다.

이때 중요한 것은 '내가 본 세상을 아이에게 그대로 보여주겠다'라는 태도가 아니라 부모가 말씀으로 무장하여 '하나님의 시선으로' 아이를 안내하는 것입니다. 자녀는 내 아이이기 전에 하나님의 형상을 닮은 그분의 자녀입니다. 그래서 부모의 경험과 관점 안에 아이를 가둬선 안 됩니다.

그렇다고 부모의 경험이 무의미하다는 말은 아닙니다. 부모가 인생의 고난과 축복 그리고 믿음 속에서 얻은 지혜와 통찰은 아이가 더 멀리 볼 수 있도록 돕는 소중한 디딤돌이 되지요. 따라서 부모는 자신이 하나님 안에서 쌓아온 삶의 경험과 믿음을 아이가 꿈을 펼칠 든든한 기반이 되도록 제공해야 합니다.

성경에서도 하나님은 자주 목말 태우시며 우리를 더 높은 시야로 이끌어 가십니다.

> 광야에서 너희 하나님 여호와께서 너희를 아들이라 여겨 **업고 다니셨다.** 너희 모든 길에서 너희를 인도하셨다. 신 1:31 저자 역

이스라엘 백성이 광야를 걸을 때, 하나님은 아버지가 아들을 업듯이 그들을 업고 인도하셨습니다. 부모가 업어주면 아이가 훨씬 먼 곳까지 내다볼 수 있듯이, 하나님도 우리의 시야가 좁

을 때 우리를 업으서서 더 멀리까지 보게 하십니다.

> … 내가 어떻게 독수리 날개로 **너희를 업어** 내게로 인도하였음을 너희가 보았느니라 출 19:4

어미 독수리가 날갯짓이 서툰 새끼를 날개 위에 태우고 하늘 높이 나는 것처럼 하나님이 우리를 '하나님 수준의 높이'로 들어 올려 선명한 시야를 열어주신다는 뜻이지요.

부모에게 '하나님께 업힌 경험'이 있다면, 자녀에게도 그 눈높이를 전해줄 수 있습니다. 더 나아가 '부모 높이'가 아닌 '하나님 높이'로 보도록 자녀의 시야를 열어주어야, 위 말씀처럼 독수리 날개 위에 태우듯 자녀를 하나님의 말씀과 믿음의 관점으로 응원하고 도와줄 수 있어요.

부모의 경험 + 말씀 = 하나님의 넓은 시야

육아란 부모가 자녀에게 '하나님의 시야'를 보여주는 일입니다. 하나님이 우리를 독수리 날개로 아들을 업듯 인도하시며 우리 생각을 넘어 하나님 수준의 세계를 보게 하시는 것처럼 부모도 자녀에게 말씀으로 무장한 넓은 시야를 제공하는 게 바로 목말 태우기 육아의 핵심입니다.

이때 부모의 인생 경험과 믿음은 자녀가 더 멀리 내다볼 수 있도록 돕는 디딤돌이 됩니다. 아이는 그 위에서 하나님의 놀라운 꿈을 내다볼 수 있지요. 아이가 자라서 "나는 부모님 어깨너머로 하나님을 봤어"라고 고백한다면, 세상 어떤 성공보다 값진 육아의 결실일 겁니다.

성경 속 말씀을 살아낸 사람들

모세와 여호수아: 목말 태우듯 경험을 전수함
(출 24:13, 33:11, 민 27:18-23, 신 31장)

모세는 비록 약속의 땅에 들어가진 못했지만, 차세대 지도자인 여호수아에게 광야에서의 경험과 하나님의 율법을 철저히 전수했습니다(신 31장). 여호수아가 가나안을 정복할 수 있었던 이유는, 모세가 마치 '목말 태우듯' 영적 통찰과 인생 경험을 아낌없이 물려주었기 때문이에요.

"여호와 그가 네 앞에서 가시며 너와 함께하사 너를 떠나지 아니하시며 버리지 아니하시리니 너는 두려워하지 말라 놀라지 말라"(신 31:8)라는 모세의 격려는 여호수아에게 강력한 믿음의 자산이 되었고, 덕분에 그는 장애물 앞에서도 담대하게 하나님의 일을 이뤄낼 수 있었습니다. 모세가 광야에서 쌓은 경험과 율법(말씀)으로 시야를 열어주었기에 여호수아는 모세보다 더 멀리 바라보는 지도자로 성장할 수 있었습니다.

우리 가정도 목말 태우기 양육을 실천하고 있어요. 저는 경영을 전공한 첫째와 둘째에게 실제 사업 현장을 알려주고 싶어서 우리 회사의 모든 자료를 공유하고, 실제로 어떻게 경영하는지를 생생히 보여주었어요.

무엇보다 '사업은 하나님이 주신 사명'이라는 것과 성경적 경영 비결을 꼭 가르치고 싶었습니다. 기부에 관해 의견이 안 맞을 때도 있지만, 아이들은 저와 논의하는 과정을 통해 신앙의 본질과 우선순위를 더 깊이 고민하게 되었지요. 이론이 실전과 연결되자, 아이들은 학과 공부가 훨씬 재미있다며 실질적인 성장을 이루었어요. 이 년 만에 자신의 자산 규모를 열 배로 키워내는 성과를 보이기도 했습니다. 아들들의 사업적 재능을 확인한 후, 저는 오히려 성경공부를 강조했어요. 재정은 하나님과 견줄 만큼 위험한 권세이고 치열한 영적 전쟁의 영역이니까요.

또한 회사가 어려울 때마다 아이들과 함께 기도하며 하나님께 의지해 위기를 이겨낸 과정을 보여준 게 아주 좋은 교육이었다고 생각해요. 경영 현장에 영적 원리를 어떻게 적용하는지를 삶으로 보여주는 것만큼 확실한 교육은 없으니까요.

> **우리도 해봐요!** `실천 Tip`
> **인생 로드맵 그리기**

부모가 걸어온 인생길(광야 시절, 실패하고 극복한 순간, 하나님의 은혜를 경험한 일 등)을 간단한 타임라인이나 그림으로 정리해서 자녀와 나눠보세요.

"이때 엄마가 크게 실패했지만, 눈물로 기도했더니 하나님이 이런 기적을 베푸셨단다."

"아빠가 이 시기에 방황하다가 회개하고 돌이켰는데, 하나님께서 사랑과 용서로 따뜻하게 품어주셨단다."

부모의 간증을 듣고, 자녀는 '엄마, 아빠가 이런 시간을 이렇게 극복했고, 하나님이 이렇게 도와주셨구나' 하고 깨닫습니다. 아직 경험해 보지 못한 영적 여정을 '목말 높이'에서 미리 경험하지요. 그리고 '나도 힘든 순간에 엄마, 아빠처럼 하나님께 의지하며 헤쳐나가야겠다' 하는 지혜와 자신감을 얻습니다.

모세는 이스라엘 백성에게 하나님의 구원 역사를 절기나 기념물로 남겨 다음세대가 기억하도록 했습니다(신 6장). 이처럼 가정에서도 부모의 영적 여정을 자녀와 나누고, 의미 있는 사건을 '가족 절기'로 정해보면 어떨까요.

저는 하나님을 깊이 만난 후, 말씀 묵상을 SNS에 매일 올렸어요.

이십여 년이 흐른 지금, 그 기록은 우리 가족의 귀한 자산이 되었지요. 아이들은 그것을 보며 우리 가정이 하나님과 함께 걸어왔음을 확신했고, 그들의 삶에 믿음이 뿌리내리기 시작했습니다.

제 SNS를 통해 신앙이 없는 이들이 이런 말을 합니다.

"꽃꽂이나 요리 영상으로 시작했다가 성경공부 채널까지 구독하게 됐어요."

"지남쌤의 하나님을 나도 만나보고 싶어요."

('지남쌤'은 제가 성경 선생님으로 활동할 때 쓰는 애칭이에요.) 우리 가족의 이야기가 선한 영향력을 퍼뜨리고 있는 거지요. 이것을 보며 아이들도 '우리 삶이 누군가에게 믿음의 문을 열어줄 수 있구나' 하고 자긍심을 갖게 되었어요. 이것도 하나의 영적 유산입니다.

자녀는 부모 어깨너머로 하나님을 만납니다. 부모의 인생 여정을 통해 더 넓은 시야로, 더 깊은 믿음으로, 하나님의 뜻을 좇는 삶으로 나아가지요. 그리고 그 모습을 지켜본 또 다른 누군가가 도전받을 겁니다. 이처럼 목말 태우기 육아는 부모의 삶이 자녀와 세상에까지 선한 영향력을 미치는 위대한 영적 여정입니다.

09

믿음으로 함께 걷기

한 사람의 힘

52패밀리 사역을 하면서 아이들에게 가정이 얼마나 중요한 공동체인지를 느꼈습니다. 그래서 모든 양육시설 아이에게 부모가 되어줄 순 없어도, '정서적 가족'이 되어주고 싶었어요. 이 마음을 나누자, 52패밀리 봉사자들도 깊이 공감하더군요.

그때부터 우리는 '더가족'(더해진 가족)이란 이름으로 양육시설 아이들이나 자립준비청년들에게 정서적 가족이 되어주기 시작했습니다. 아이들은 우리를 "이모", "삼촌"이라 부르고, 우리는 아이들을 "조카"라고 부르게 되었지요.

이렇게 자립준비청년들에게 시작한 프로그램이 '밥톡톡'입니다. 각 조카에게 52패밀리 봉사자인 이모, 삼촌을 연결해 주고, 정기적으로 건강한 밀키트를 보내며 "밥은 잘 챙겨 먹고 다니니?", "이번에 보낸 불고기는 전골로 해서 먹어봐"와 같은 안부를 전하는 거예요.

처음엔 조카들이 답장을 안 해서 52패밀리 이모 중에 "제가 뭘 잘못하고 있는 걸까요", "왜 답이 없을까요" 하며 고민하는 분이 많았어요.

저도 같은 고민을 하던 중에 '카우아이 섬 종단연구'에 관한 내용을 접하게 되었습니다. 그 연구는 하와이의 큰 섬 중 하나인 카우아이 섬에서 1955년부터 사십 년 넘게 의사, 심리학자, 사회복지사 등이 공동 참여한 연구였어요.

결론만 말하자면, 가난, 범죄, 알코올중독, 정신질환 등 악순환이 이어지는 닫힌 환경 속에서 고위험군 이백일 명 중 칠십이 명이 밝고 자신감 넘치는 사회인으로 성장했는데, 그 원인은 무조건적 사랑을 주는 '한 사람'의 존재였다고 해요. 척박한 환경에서도 곁을 지켜준 한 사람의 사랑과 지지로 그들은 자존감과 긍정성을 기를 수 있었던 거지요.

이 연구 결과에서 힌트를 얻어, 우리도 조건 없는 사랑을 꾸준히 흘려보내고 조카들이 우리를 궁금해할 때까지 기다리자고 마음먹었어요.

알고 보니, 당시 조카들은 후원이 일시적이거나 질 낮은 물품, 유통기한이 임박한 제품을 보내는 후원자들에게 상처를 받은 상태였어요. 그런데 52패밀리 이모, 삼촌들은 꾸준히 질 좋은 밀키트를 보내고, 그 대가로 감상문 같은 것도 요구하지 않으니 뭔가 다르다고 느끼고 있었던 거지요.

꾸준히 조카들의 마음 문을 두드린 끝에 일 년 만에 이모, 삼촌과 조카들의 오프라인 만남이 성사됐어요. 마치 이산가족이 상봉한 것처럼 눈물바다가 되었지요. 그날의 감동으로 서로를 더 자주 볼 수 있는 공간이 필요하다고 생각했어요. 그래서 2024년 7월, 서울에 '이모집'을 열었습니다.

조카들은 이모집에서 매주 집밥을 먹으며 이모, 삼촌들의 조건 없는 사랑을 듬뿍 받았어요. 그러자 몇 달 만에 조카들의 삶의 태도가 달라지는 기적 같은 일이 벌어졌지요. 시간이 흘러 이모, 삼촌과 조카 사이에 진실한 관계성이 형성되고, 조카들이 자발적으로 이벤트도 준비하고, 함께 가족 여행도 가면서 그야말로 '찐 가족'이 되어갔습니다.

2025년 3월에는 부산 이모집도 열었어요. 앞으로 전국 곳곳에 이모집이 생기고, 통일이 되면 평양과 개성에도 생겨나리라 확신해요. 52패밀리는 자립준비청년과 양육시설 아이들과 평생 함께하며 변함없이 옆을 지켜주는 그 '한 사람'이 되려고 합니다. 이모집에서 들려오는 기적 같은 사연을 접할 때면, 바나바와 같은 영적 부모의 끈질긴 사랑과 신뢰가 한 인생을 바꾼다는 걸 느낍니다. 작은 격려 한마디, 꾸준한 사랑 표현을 통해 하나님의 역사가 펼쳐지더군요.

> 나는 그대 속에 있는 거짓 없는 믿음을 기억합니다. 그 믿음은 먼저 그대의 외할머니 로이스와 어머니 유니게 속에 깃들여 있었는데, 그것이 그대 속에도 깃들여 있음을 나는 확신합니다. 딤후 1:5 새번역

> 그대는 어려서부터 성경을 알고 있습니다. 성경은 그리스도 예수를 믿는 믿음으로 말미암아 그대에게 구원에 이르는 지혜를 줄 수 있습니다. 딤후 3:15 새번역

> 그러나 바나바는 사울을 맞아들여, 사도들에게로 데려가서, 사울이 길에서 주님을 본 일과, … 사울이 다마스쿠스에서 예수의 이름으로 담대히 말한 일을, 그들에게 이야기해 주었다. 행 9:27 새번역

자녀 교육의 가장 큰 축은 부모지만, 성경은 바울과 디모데의 사례처럼 부모 외의 영적 멘토가 있을 때, 한 사람이 더욱 폭넓게 자랄 수 있음을 보여줍니다.

바나바는 바울을 의심하는 사도들 앞에서 바울을 옹호하고

그를 끝까지 믿어주었습니다(행 9:26,27). 덕분에 바울은 그가 마련해 준 토대 위에서 훗날 이방인의 사도로 위대하게 쓰임 받을 수 있었지요. 이처럼 꼭 부모가 아니더라도 바나바와 같은 영적 부모가 곁에 있다면 자녀의 잠재력이 폭발적으로 열릴 수 있습니다.

자녀에겐 부모만으로 충족되지 않는 전문 영역이나 새로운 관점이 필요할 때가 있습니다. 이럴 때 교회나 봉사단체 같은 믿음 공동체 안에서 영적 멘토를 만난다면, 아이에게 세상을 바라보는 하나님의 시야가 열리고 훌륭한 영적 리더십으로 자랄 수 있습니다.

바나바를 멘토로 만난 바울이 세계 역사를 움직였듯이, 내가 건네는 작은 격려가 누군가에게는 하나님의 역사를 함께 써 내려가는 출발점이 될 수 있어요.

성경 속 말씀을 살아낸 사람들
베드로, 바나바, 마가: 영적 멘토는 인생 디딤돌
(행 13:13, 15:37-39, 벧전 5:13)

1차 전도 여행 중 마가는 험난한 길 앞에서 선교를 포기합니다. 이후 2차 전도 여행을 준비하면서 바나바가 마가를 다시 데려가자고 하자 바울이 강하게 반대했고, 결국 바나바는 마가, 바울은 실라와 길을 떠납니다. 마가의 가능성을 믿고 두 번째 기회를 준 바나바 덕에 마가는 훗날 훌륭한 동역자로 재평가받았고, 바울도 "그가 나의 일에 유익하니라"(딤후 4:11)라고 언급할 정도로 마가를 인정합니다.

베드로도 마가를 "내 아들"이라 부를 만큼 각별히 아꼈습니다. 마가는 베드로의 가르침을 통해 복음을 더 깊이 이해하고 전했던 것으로 보입니다. 예수님을 세 번 부인한 실패 경험이 있는 베드로였기에 마가를 따뜻하게 품을 수 있었던 거지요.

결국, 마가는 중도 포기의 과오를 극복하고 바울, 베드로와 동역한 사역자로 우뚝 섭니다. 이 모든 회복의 배경에는 "실수해도 다시 일어설 수 있다"라는 복음의 본질을 실천한 바나바와 베드로의 꾸준한 신뢰와 격려, 멘토링이 있었습니다.

52패밀리 조카들에게도 정말 필요한 건 '지속적인 정서적 지지'입니다. 조카 대부분은 부모의 따뜻한 돌봄을 받지 못한 채 오랫동안 상처를 안고 살아왔어요. 영아기의 애착 형성은 평생의 신뢰감과 회복탄력성에 큰 영향을 미칩니다. 부모의 반응이 빠르고 따뜻할수록 아이는 '세상은 따뜻하다'라고 인식하지요. 하지만 일 대 다수인 양육시설의 돌봄 구조에서는 그렇게 반응해 주기가 어렵습니다.

하랑이를 데리러 아동 양육시설에 갔을 때였어요. 한 부모가 한 아이에게 집중하는 것도 벅찬데, 한 보육교사가 다섯 아이를 돌봐야 하는 현실에 눈물이 핑 돌았습니다. 그때 하나님께서 제게 말씀하시는 듯했어요.

'지금이라도 늦지 않았다. 네가 이 아이들의 바나바가 되어 주어라.'

저는 조카들을 끝까지 믿어주는 '한 사람'이 되고 싶습니다. 꾸준한 사랑만이 아이들을 회복시키는 능력이라고 믿기 때문입니다.

우리도 해봐요! 실천 Tip
부모 외 멘토 연결하기

자녀가 부모로부터 채워질 수 없는 영역(적성, 재능, 신앙 등)에 갈증을 느낄 때, 교회나 신앙 공동체에서 '바나바와 같은 멘토'를 찾아 연결해 주세요.

음악에 관심이 있는 자녀에게는 찬양 사역자를, 창업에 관심이 있는 자녀에게는 성경적 가치로 경영하는 사업가를 멘토로 소개하면 실질적 동기부여가 됩니다. 멘토는 단지 지식 전달자가 아니라 한 아이의 인생을 지탱하는 영적 디딤돌이 되어줄 수 있어요.

52패밀리의 한 조카는 친구의 죽음을 계기로 이모와 가까워졌어요. 지금은 해외 유학을 준비하며 구체적인 목표를 세우고 열심히 노력하고 있습니다. 그 아이가 고백했어요.

"제가 이렇게까지 노력할 수 있는 건, 이모가 변함없이 믿어주셨기 때문이에요."

아이에게는 믿어주는 한 사람이 필요합니다. 한 사람의 지지와 사랑만 있으면, 비록 실패해도 다시 일어나 도전할 수 있습니다.

10
가정에서 배우는 리더십

가정, 리더십 훈련의 출발점

저는 아이들이 어릴 때부터 무엇이든 대신해 주기보다는 스스로 결정하고 책임지는 습관을 길러주었습니다. 옷 고르기, 자기 방 인테리어 정하기, 생일파티 음식과 프로그램 기획하기 등 소소한 일부터 맡겼지요.

단순 놀이처럼 시작했지만, 아이는 자기 선택이 존중받는다고 느끼면 기대 이상으로 창의적인 아이디어를 냈고 책임감 있게 실행하더군요. 작은 선택을 존중받은 경험을 토대로 더 큰 결정도 자발적으로 도전했지요.

저는 아이가 중요한 결정을 할 때, 함께 충분히 의논하되 적절한 선에서만 도와주는 방식으로 아이의 리더십을 키워주었어요. 그 결과, 대학이나 진로 결정도 아이 스스로 하나님 안에서 '내 사명은 무엇인가'를 고민하며 선택했고, 저 역시 감동과 배움을 얻었습니다.

가장 기억에 남는 건 큰아들의 군대 이야기입니다. 아들은 처음 입대했을 때 부당한 군대 문화에 적잖이 당황했어요. 하지만 계급이 오르자, 자기가 통솔하는 내무반에서부터 건강한 문화를 만들기로 결심했습니다.

잡일을 솔선수범하며 도맡았고, 후임들이 잘 적응하도록 따뜻하게 도왔지요. 휴식 시간에는 게임만 하던 기존 문화 대신 운동 모임을 만들었고, 자격증 공부도 함께하며 근면한 분위기를 조성했습니다.

전역 후에도 후임들과 여행을 다니는 등 특별한 유대를 이어 갔지요. 그러면서 후임들이 선임이 믿는 하나님이 궁금하다며 자연스레 교회에 출석하기 시작했어요. 저는 군대 안에서 복의 통로가 된 아들의 이야기를 들으며, 말씀 중심 교육과 자율적 리더십 훈련이 얼마나 중요한지를 깨달았습니다.

가정은 자녀가 처음 경험하는 리더십 학교입니다. 부모가 자녀를 존중하고 기회를 열어주면, 자녀는 놀라운 잠재력을 발휘하지요.

> 내가 너로 큰 민족을 이루고 네게 복을 주어 네 이름을 창대하게 하리니 너는 복이 될지라 창 12:2

하나님은 아브라함에게 '복의 근원'이 될 것을 약속하셨습니다. 이 언약은 한 개인을 넘어서 가정을 통해 열방에 복이 흘러가게 하려는 선교적 소명을 담고 있습니다.

자녀가 '가정'이라는 첫 공동체에서 사랑과 질서, 자율과 책임을 경험하면, 자연스럽게 사회와 공동체를 이끄는 리더로 성장할 수 있어요. 교육학적으로도 가정은 리더십 실습의 최적 공간입니다. 부모가 명령만 하기보다 자녀가 일정 부분 의사결정에 참여하고 결과를 책임지도록 하면, 자녀는 '나도 복의 근원이 되어 누군가를 세울 수 있다'라고 느끼며 섬김의 리더십을 체득하게 됩니다. 존중과 책임을 균형 있게 배운 아이는 하나님을 기쁘시게 하는 복된 리더로 자라나지요.

성경 속 말씀을 살아낸 사람들
느헤미야, 백성: 책임 설정, 통합, 존중의 리더십 (느 3-6장)

느헤미야가 예루살렘 성벽 재건 시 행한 방식은 리더십 원리의 측면에서 시사점이 큽니다.

먼저 그는 모든 백성에게 '자기 집 앞' 구간을 맡겼습니다. 책임이 분명하면 동기가 생깁니다. 일반 백성을 비롯해 금세공인, 향료 장수 등 건축 비전문가도 '내 구역'을 맡자 애착과 책임감이 생겼고, 집중력과 의지를 발휘해 오십이 일 만에 성벽을 완공하는 놀라운 성과를 냈지요.

또한 느헤미야는 통합과 존중의 조율자였습니다. 그는 외부의 공격과 내부의 불평과 같은 위기 상황을 해결하며 백성을 독려했어요. 그 결과, 하나님을 신뢰하는 영적 공동체를 완성했습니다.

저도 느헤미야식 리더십을 52패밀리에 적용했습니다. 전국을 열아홉 지역으로 나누고, 각 지역에 '이끄미'(지역 리더)를 두 명씩 세워 자기 지역 조카들을 자율적으로 돌보게 했습니다. '집 앞'을 맡긴 셈이지요. 본부는 이끄미들의 자율 운영을 존중하며 전체를 조율하는 통합 역할만 수행했습니다.

그러자 지역마다 이끄미들의 창의적이고 헌신적인 아이디어가 넘쳐났고, 정기적인 워크숍과 MT를 통해 먼저 '찐 가족'이 된 이끄미들이 그 사랑을 조카들에게 흘려보내며 공동체가 세워졌습니다.

충남의 이승주 이끄미님은 교회 지체들과 함께 양육시설 아이들을 주일마다 데려와 함께 예배드리고, 온천에도 가며 가족애를 나누고 있습니다. 그 사랑 안에서 아이들은 마음을 활짝 열고 세상이 따뜻하다는 걸 경험하고 있지요.

이런 구조가 가능했던 건 느헤미야식 리더십 덕분이에요. 하나님께 영광 돌리는 공동체는 책임을 맡기고 존중하는 구조 안에서 성장합니다. 가정에서도 자녀가 자라날수록 더 많은 역할을 믿고 맡겨주세요. '내가 맡은 영역이 우리 가족을 튼튼하게 세울 수 있다'라는 믿음이 심기면, 자녀는 자율성과 리더십, 책임감을 발휘하여 복의 근원으로 성장합니다.

> **우리도 해봐요!** `실천 Tip`
> 아이에게 책임 구역 부여하기

부모가 자녀의 개성과 강점을 살려 책임 구역을 정해주면, 작은 일 하나에도 리더십이 자라나고 가족 모두가 즐거운 문화를 만들 수 있습니다.

저는 기질이 다른 세 아들에게 각자의 책임 구역을 자율적으로 정하게 했어요. 그리고 기대 이상의 효과를 보았습니다.

첫째 준모는 예술적 감각과 창의력이 뛰어나고 리더십이 강해요. 그래서 옷 코디, 인테리어, 파티나 여행 기획 등 '아이디어와 디자인'이 필요한 일을 담당해요. "내일 손님이 오는데 분위기 좀 내볼까. 아이디어 줄래"라고 물으면 독창적인 레이아웃이나 데코레이션 아이디어를 내지요. 준모는 특정 영역에서 자신이 리더 역할을 할 수 있음을 경험하며 자존감도 높아졌어요.

둘째 승모는 책임감이 강하고 손이 야무져요. 일을 맡기면 꼼꼼하고 완벽하게 해냅니다. 그래서 반려견 진주를 돌보는 일처럼 꾸준함이 필요한 일을 주로 담당해요. "진주 목욕이랑 용품 정리를 맡아줄래"라고 부탁하면 체계적인 루틴을 만들어 실행하곤 하지요. 승모가 맡은 청소 구역이 가장 잘 정돈되어 있고, 하랑이 돌보기를 비롯한 가정의 많은 일을 책임감 있게 도와주어 아주 든든합니다.

셋째 윤모는 사회성이 뛰어나고 애교와 흥이 많아요. 가족 분위기를 밝게 만드는 재주가 있지요. 그래서 '가족을 즐겁게 하는 일'을 맡겼어요. 윤모는 할아버지 생신 때도 감동 이벤트를 기획했고, 제가 피곤할 땐 "엄마 힘들지? 내가 노래 불러줄게"라며 작은 공연을 열거나 편지로 감동을 전하기도 해요.

이런 정서적 돌봄 리더십을 발휘하면서 아이는 스스로 보람도 느끼고 자존감도 높아졌어요.

이처럼 기질에 맞춰 책임 영역과 결정권을 다르게 주자, 아이들은 자기가 가정을 세우는 주역임을 자각하고 열정을 쏟더군요. 준모는 창의·디자인 감각을 갖춘 '기획형 리더', 승모는 실무·책임감을 갖춘 '체계형 리더', 윤모는 정서적 감수성과 사회성을 갖춘 '감성형 리더'로 자라났습니다.

가정이야말로 리더십을 배우고 실습하는 최고의 장임을 깊이 느끼게 되었지요.

11
어릴 때 심어주는 말씀의 힘

말씀으로 키운 하랑이

제 인생에서 가장 큰 복은 단연 '성경 쌤'이 된 거예요. 하나님을 만나고 구원의 감격이 너무 커서 '이 귀한 걸 무조건 전해야 한다'라는 열망으로 성경공부를 시작했는데, 그게 제 최고의 스펙이자 자산이 될 줄 몰랐어요.

단순히 성경 읽는 것을 넘어, 매일 연구하고 가르치는 게 하나님을 만난 후 이십 년 넘게 하루도 빠짐없이 해온 일이랍니다. 그래서 세 아들과 하랑이를 키울 때도 가장 중요한 교육은 '말씀 양육'이었어요. 왜냐하면 "그리스도 안에는 모든 지혜와 지식의 보화가 감추어져 있습니다"(골 2:3 새번역)라는 말씀처럼 세상을 살아가는 데 필요한 모든 지혜가 그리스도 안에 있고,

그리스도는 곧 말씀이 육신 되어 오신 분(요 1:1,14)이라는 사실을 알기 때문이었지요.

우리가 말씀을 삶으로 붙들며 육신으로 오신 예수님을 닮아가면, 가장 탁월한 지혜로 하나님이 계획하신 형통한 삶을 살 수 있어요. 이 엄청난 비밀을 자녀에게 어떻게 알려주지 않을 수 있겠어요!

하랑이는 하나님을 전혀 모르는 상태로 우리 가족을 만났어요. 아이에게 말씀을 가르치는 일이 시급했지요. 그래서 성경 이야기를 재미나게 들려줬더니 아이가 무한 반복을 요청하는 거예요! 우리 딸이 성경 이야기를 매우 좋아한다는 사실이 기적 같았어요.

저는 '아예 영상을 찍자'라는 생각에 어린이용 성경 이야기를 정리해서 촬영했어요. 이왕 만드는 것, 다른 아이들에게도 도움이 되면 좋겠다는 마음으로 유튜브에 올렸고요. 덕분에 하랑이는 지금도 차만 타면 "엄마, 성경 이야기 틀어주세요" 하고 조릅니다. 얼마나 행복한지요. 이제는 아이 스스로 어린이 성경도 읽기 시작했는데, 대체 몇 번이나 읽었는지 모르겠어요. 성경은 하랑이의 '최애 책'이 되었답니다.

'엄마표 성경 이야기'는 아직 구약까지만 정리되어 있어요.

딸을 향한 사랑이 아니었다면 절대 완성하지 못했을 거예요. 정말 힘들었거든요. 아직 신약은 정리할 엄두를 못 내고 있지만, 하랑이가 원하니 곧 시작해야 할 듯해요.

제가 매일 연구하는 이 성경은 돈으로 환산할 수 없는 최고의 유산입니다. 말씀의 은혜를 세 아들에게 물려주고, 사랑하는 하랑이에게도 전수할 수 있어서 얼마나 감사한지 몰라요. 또 아이들이 말씀으로 살아내는 모습을 곁에서 지켜볼 수 있다는 게 큰 복입니다.

말씀은 인생을 새롭게 해석하는 눈을 길러줍니다. 삶의 어떤 환경도 '하나님이 주신 최고의 선물'임을 믿게 하지요. 말씀을 통해 우리는 불평보다 감사를 고백하게 되고, 자녀에게도 긍정의 태도를 자연스럽게 전수할 수 있습니다. 이때 부모가 하나님만 의지하며 말씀에 순종하려 애쓰는 삶의 태도야말로 가장 확실한 신앙 교육이라고 믿습니다.

그러나 너는 배우고 확신한 일에 거하라 너는 네가 누구에게서 배운 것을 알며 또 어려서부터 성경을 알았나니 … 딤후 3:14,15

여호와는 네게 복을 주시고 너를 지키시기를 원하며 여호와는 그

의 얼굴을 네게 비추사 은혜 베푸시기를 원하며 민 6:24,25

    성경 곳곳에 어려서부터 자녀를 말씀으로 양육하라는 하나님의 마음이 담겨 있어요. 디모데후서 3장에 보면, 디모데가 어릴 적부터 어머니와 외조모에게서 성경을 배우고 자란 게 그의 영적 성장에 큰 밑거름이 되었다고 합니다. '자녀교육 헌장'으로 불리는 신명기 6장은 부모가 자녀에게 말씀을 가르치는 일이 얼마나 중요한 의무인지를 말해주지요.

    저도 네 아이를 키우면서, 부모가 먼저 말씀의 은혜를 누려야 그 복이 자녀에게 흘러간다는 사실을 체감합니다. 자녀는 백 마디 말보다 부모가 살아내는 모습을 통해 배우기 때문이에요. 그래서 부모가 말씀으로 사는 모습을 보여주며, 자녀가 일상에서 말씀과 친숙해지도록 돕는 게 자녀의 영적 성장을 위한 첫 번째 원리라고 믿습니다. 부모를 보며 자녀도 그 길을 스스로 택하게 되니까요.

    자녀 교육의 핵심은 부모가 말씀을 붙들며 말씀의 유산을 전수하는 거예요. 그러면 자녀는 부모가 전해준 말씀을 자기 삶으로 소화하고, 세상의 어떤 지혜보다 탁월한 하나님의 지혜로 살아가기 시작하지요.

    저는 하랑이가 말씀 안에서 성장하며, 언젠가 자신만의 인생

간증을 써 내려가길 기대합니다. 그 모습을 지켜보는 것만큼 가슴 벅찬 일은 없을 거예요.

성경 속 말씀을 살아낸 사람들

다윗과 솔로몬: 말씀을 매개로 한 신앙 계승
(행 13:22, 왕상 6-8장, 11장)

하나님은 다윗을 "내 마음에 맞는 사람"이라 부르실 만큼 그를 성경적 신앙 모델로 삼으셨습니다. 그의 아들 솔로몬은 아버지 다윗이 하나님을 전심으로 섬기는 모습을 어릴 때부터 보고 자라며 하나님을 경외하는 마음을 가슴 깊이 새겼지요.

훗날 왕이 된 솔로몬은 성전 건축을 완성하고, 하나님이 주신 탁월한 지혜로 잠언, 전도서, 아가서와 같은 지혜서를 남기며 아버지에게서 배운 신앙과 말씀을 널리 확장했습니다. 하지만 말년에 하나님이 금하신 이방 여인들과의 결혼을 반복하면서 말씀에서 멀어져 배교의 길로 들어섰지요. 한때 '지혜의 왕'으로 찬사를 받았던 그는 결국 비극적 결말을 맞이합니다.

한 번 말씀으로 잘 세워졌다고 해서 영원히 안전한 건 아닙니다. 부모와 자녀 모두 평생 은혜를 구하며 말씀을 붙들고 순종해야 신앙 계승이 온전히 이루어지지요.

저는 가족과 함께 경제적으로 힘든 시기를 통과하며, 말씀을 머리가 아닌 온몸으로 체득했습니다. 이 시기에 제 입술에서 다윗의 고백이 터져 나왔어요.

"고난 당한 것이 내게 유익이라 이로 말미암아 내가 주의 율례들을 배우게 되었나이다"(시 119:71).

하나님께서는 그분 한 분만으로 충분하다는 진리를 우리 가족이 믿도록 훈련하셨어요. 그러면서 깨달은 건, 절망적인 상황에서도 하나님을 의지하면 길이 열린다는 사실이었지요. 또한 "인내로써 우리 앞에 당한 경주를 하며"(히 12:1) 시선을 하나님께 고정하는 것이 얼마나 큰 승리인지, "그리스도 안에는 모든 지혜와 지식의 보화가 감추어져"(골 2:3 새번역) 있다는 말씀이 얼마나 실제인지를 뼈저리게 알게 되었습니다.

그러자 이전에는 부족하다고 여겼던 조건이 도리어 미래를 뚫어내는 동력이 되었지요. 하나님이 주신 달란트가 내 유일한 자본임을 깨닫자, 그 가치가 극대화되었습니다. 부족함을 탓하기보다 감사의 눈으로 현재를 바라보니 마음가짐도 달라졌고요.

특별히 감사한 건, 이 모든 훈련 과정을 지켜본 세 아들도 같은 영적 원리로 살아가며 든든한 동역자로 서게 된 점이에요. 저는 "우리 가족이 죽는 날까지 다윗의 길을 걸어가게 해주세요"라고 기도합니다. 다윗은 실수와 죄가 많았지만, 그때마다 말씀 앞으로 돌아와 끝까지 하나님을 붙든 회복의 사람이었습니다. 자녀에게 말씀 중심 신앙을 전수하는 건, 특정 시기에 일회성 교육으로 끝나는 일이 아닙니다.

다윗과 솔로몬의 사례가 보여주듯 말씀 안에서 시작했더라도 평생 그 안에 머물지 않으면 무너지기 때문입니다. 그러나 부단히 말씀과 함께하면 하나님 안에서 날마다 새로워지는 기적을 누릴 수 있습니다. 오직 말씀을 붙들며 전진하는 모든 가정이 되기를 기도합니다.

> **우리도 해봐요!** `실천 Tip`
> 시간을 정해서 경건 훈련하기

    일주일에 한 번 혹은 매일 짧게라도 '함께 성경 읽고 기도하는' 경건 시간을 정해보세요. 자녀에게 축복 기도를 해주며 영적 유대감을 키우는 것도 좋아요. 이때 꾸준한 루틴을 만드는 게 중요합니다.

    우리 집은 매일 아침 가정예배를 드려요. 아직 하랑이가 어려서 아이 눈높이에 맞춰 말씀을 짧게 읽고 '원포인트 메시지'를 전한 뒤 기도 제목을 나누고 마무리 기도를 합니다.

    완벽하고 길게 하려고 하면 꾸준히 지키기 어려우니까 평일엔 '매일 십 분'을 목표로 하고, 주말에는 좀 더 삶을 깊이 나누고 기도 제목도 공유하며 여유 있게 진행합니다. 주중에 있었던 힘들고 즐거웠던 일을 나누다 보면, 가족의 정서적 결속감도 한층 커지더군요.

    짧더라도 가정예배를 꾸준히 이어가면, 자녀에게 말씀 묵상이 습관으로 자연스럽게 자리잡습니다. 자녀 수준에 맞춰 말씀을 묵상하고 기도 제목을 나누면, 자녀가 예배를 재미있고 보람 있는 시간으로 느낄 거예요.

    차로 이동할 때 하랑이는 성경 이야기 오디오를 자주 듣습니다. 습관처럼 듣다 보니 벌써 성경을 많이 익힌 것 같아요. 앞서 말했듯이 제 목소리로 직접 녹음해서 들려주니 더 좋아하더군요.

성경은 자녀에게 말씀을 부지런히 가르치며, 집에 앉아 있을 때나 길을 갈 때나 누워 있을 때나 일어나 있을 때나 늘 말씀을 강론하라고 합니다. 또 손에 매어 표로 삼고, 이마에 붙여 기호로 삼으라고 하지요(신 6:7-9). 이 말씀은 말씀 교육이 꼭 식탁이나 거실에서만 이뤄지는 게 아니라 일상 어디서든, 다양한 방식으로 이루어져야 함을 말합니다.

말씀은 삶으로 살아낼 때 비로소 체득됩니다. 일상적인 경건 훈련과 지속적인 가정예배를 통해 자녀는 말씀을 지식이 아닌 '삶의 일부'로 받아들이지요. 온 가족이 하나님 안에서 풍성하고 건강한 가정 문화를 만들어 가길 소망합니다!

사랑에도
울타리가 필요하다

PART

12
과잉과 결핍이 빚는 문제

가난이 축복이었어요

아이들이 한창 자라날 시기에 우리 가정은 경제적으로 매우 어려웠어요. 먹거리를 풍족하게 주지 못하니 엄마로서 마음이 아팠지요. 새벽예배에 가서 "일용할 양식을 주시옵고"라고 기도할 때마다 얼마나 눈물을 쏟았는지 모릅니다.

어느 날, 아이들과 이야기를 하다가 세 아들에게 미국 시민권을 주신 이유가 뭔지 나누기 시작했어요. 우리에게 주신 사명이 '북한을 살리는 가정'이라, 아이들을 영적인 목말을 태워 하나님 뜻을 볼 수 있게 나누며 함께 기도했습니다.

그리고 때마침 하나님께서 중국에 있는 학교에 입학할 길을 여셨어요. 통일 전에도 북한에 갈 수 있은 세 아들의 미국 시민

권과 연결되며 북한에 가장 영향을 주는 중국에서 공부하는 게 그분의 뜻이라고 느껴졌지요. 하지만 현실은 녹녹치 않았습니다. 먹고살기조차 버거운 상황에 중국 유학이라니요. 그래도 하나님이 주신 사명이라 믿고, 온 가족이 함께 기도하기 시작했어요. 그러던 중 뜻밖의 경로로 중국에 있는 학교를 소개받았고, 등록금을 마련할 길도 기적처럼 열리더군요!

'하나님께서 함께하시는구나' 싶어 믿음의 발걸음을 디뎠습니다. 하지만 바로 다음 학기 등록금은커녕 용돈조차 보낼 형편이 안 되었어요. 아들은 한 달에 한 번 기숙사에서 외출할 수 있었는데 용돈이 없으니 기숙사에만 머물러야 했지요. 낙심할 만한 상황이었지만, 후에 아이는 "하나님이 내게만 주신 특별한 시간이었어요"라고 말하더군요. 아들은 기숙사에 혼자 남아 열심히 공부했다고 해요. 졸업 후에야 이 사실을 고백하는 아이를 보며 미안하면서도 감사했습니다.

더 감격스러웠던 건, 아이의 다음 말이었어요.

"엄마, 가난이 축복이었어요. 그때 비로소 하나님이 내 삶의 주인이심을 배웠고, 절제와 이웃 사랑도 몸소 실천했거든요."

큰아들은 하나님이 주신 꿈대로 중국 대학에 진학했고, 북한을 살리는 사명을 계속 이루어가고 있습니다. 어릴 적부터 분명한 정체성과 사명이 있었기에 사춘기 방황도 없이 예수 그리스도께 시선을 고정하고, 그 안에서 지혜와 지식을 공급받는 삶이 가장 복되다는 걸 스스로 깨달아 갔습니다. 엄마로서 더없이 감사했지요.

하나님께서 허락하시는 환경은 언제나 '최선'이라는 사실을 우리 가족은 광야를 지나며 가슴 깊이 배웠어요.

너무 주어도, 주지 않아도 문제

그러나 주님께서는 내게 이렇게 말씀하셨습니다. **"내 은혜가 네게 족하다"** … 고후 12:9 새번역

… 나를 가난하게도 마옵시고 부하게도 마옵시고 **오직 필요한 양식**으로 나를 먹이시옵소서 혹 내가 배불러서 하나님을 모른다 여호와가 누구냐 할까 하오며 혹 내가 가난하여 도둑질하고 내 하나님의 이름을 욕되게 할까 두려워함이니이다 잠 30:8,9

성경은 '균형 잡힌 공급과 절제'를 강조합니다. 바울이 육체의 가시를 없애달라고 간구했을 때 하나님은 "내 은혜가 네게 족하다"라고 말씀하셨어요. 결핍이 해소되지 않아도 하나님의

은혜 안에서 충분히 감당할 수 있다는 뜻이었지요. 오히려 결핍 때문에 성장하고, 은혜가 더해지는 걸 경험하니까요.

잠언 30장의 기자는 "오직 필요한 양식"만 달라고 기도합니다. 배가 불러서 주님을 부인하거나 배가 고파서 주님의 이름을 욕되게 할까 두렵다고 고백합니다. 이는 과도한 풍요나 극단적 궁핍이 인간을 망칠 수 있음을 시사하지요.

자녀도 마찬가지입니다. 자녀에게 너무 적게 주면 상대적 박탈감을 느껴 내면의 기초가 흔들릴 수 있고, 너무 많이 주면 감사와 절제심을 잃고 의존적인 어른으로 성장하기 쉽습니다. 적절한 결핍만이 자녀에게 복이 되지요. 결핍으로 인해 하나님을 의지하고, 스스로 노력하게 되기 때문입니다.

부모가 자녀의 모든 필요를 채워주기보다 "네가 직접 기도하고 하나님께 구해봐"라며 격려하면, 자녀는 회복 탄력성과 영적 성숙을 얻게 됩니다.

때로는 가난이나 고난 자체가 하나님께서 허락하신 특별한 은혜일 수 있어요. 그 어려움 속에서 자녀는 '하나님이 내 삶의 주인이시고, 내 모든 필요를 아시는 분'임을 체험합니다.

또한 부모가 하나님 한 분으로 충분하다는 믿음을 삶으로 드러낼 때, 자녀는 진정한 감사와 절제를 배우고, 하나님이 예비하신 최고의 것을 함께 누리게 됩니다.

성경 속 말씀을 살아낸 사람들
광야에 내린 만나: 하나님의 공급하심에 대한 신뢰 교육(출 16장)

하나님은 광야를 지나는 이스라엘 백성에게 만나를 내려주시되 하루 식량만큼만 거두도록 명하셨습니다. 많이 거두면 썩고, 적게 거두면 배고프니 적절한 분량의 중요성을 가르치신 거였지요. 이는 부모가 자녀에게 과도한 지원을 하기보다 "필요 이상 가지면 썩는다"라는 교훈을 심어주고, 자녀 스스로 책임지도록 교육하는 모습과 연결됩니다.

만나의 원리를 삶에 적용하려면 먼저 그 의미를 제대로 이해해야 합니다. 히브리인들은 하루를 저녁부터 시작합니다. 따라서 구약 성경에서 말하는 "일용할 것"(출 16:4), 곧 '오늘의 양식'은 저녁부터 다음 날 아침까지의 식량을 뜻하지요.

하나님께서는 여섯째 날이 되면 안식일을 대비해 갑절의 만나를 내리시며, 오늘의 양식이 내일의 양식이 될 수도 있다는 것을 가르쳐주셨어요. 그러나 욕심내어 너무 많이 거두면 썩어버렸고, 그날 필요한 만큼만 정확히 채워지는 모습을 통해 백성들은 매일 아침 꼭 필요한 은혜를 주시는 하나님을 온몸으로 체험했습니다.

만나는 단순한 식량이 아닌 하나님을 의지하는 삶의 원리를 나타내는 상징이었어요. 광야에서 농사지을 수도, 가축을 기를 수도 없었던 이스라엘 백성은 매일 만나를 거두며 하나님의 공급하심을 배웠습니다.

우리 가정도 광야를 지나며 만나의 원리를 체득했습니다. 재정을 놓고 기도할 때마다 하나님께서 이런 감동을 주셨어요.

'내일 걱정으로 불안해하지 말고, 오늘 내가 주는 양식에 집중하렴.'

이 말씀을 붙들자, 내일에 대한 불안이 줄고 오늘 할 수 있는 일에 더 집중하게 되었습니다. 아이들에게도 그런 삶의 자세를 나누고 가르쳤지요.

출애굽기 16장 16절을 보면, 하나님께서는 직접 만나를 거두러 나오지 못하는 장막 안 식구들 몫까지 함께 거두라는 지침을 주십니다. 각자 먹을 만큼만 거두되, 이웃을 함께 생각하라는 명령이었지요. 여기에는 공동체적 배려와 사랑을 실천하라는 하나님의 마음이 담겨 있습니다.

주기도문의 "오늘 우리에게 일용할 양식을 주시옵고"라는 구절도 "우리"라는 표현을 통해, 개인이 아닌 공동체를 바라보는 관점을 심어줍니다. 따라서 '만나'는 먹고사는 문제를 개인의 몫이 아닌 공동체의 몫으로 바라보라는 교훈이 담긴 대표적인 상징입니다.

"내게 더 주어졌다면, 그것은 나누기 위해서다"라는 말처럼 받은 것을 나누는 삶을 자녀에게 가르치고 보여주세요. 이것이 만나의 원리를 삶에 적용하는 방법입니다.

예수님의 오병이어 기적을 떠올려 보세요. 제자들은 큰 무리를 먹이자는 예수님의 말에 한 아이의 도시락을 보여드리며 "주님, 우리에게 있는 건 이것뿐이에요"라고 했습니다. 하지만 예수님은 그 작은 도시락으로 엄청난 기적을 일으키셨어요. 이때 예수님의 의도는 단순히 배고픔을 채우는 데 있지 않았습니다. 그분은 오병이어로 큰 무리를 배불리 먹이신 후에 이렇게 선포하셨지요.

"하나님의 떡은 하늘에서 내려 세상에 생명을 주는 것이니라 … 나는 생명의 떡이니"(요 6:33,35).

곧 예수님 자신이 '하늘에서 내려온 생명의 떡'이라는 뜻이었어요. "진짜 만나는 바로 나다. 내가 너희를 위해 찢기는 떡이 될 것이다"라고 선언하신 거였지요.

예수님의 이 고백은, 그분이 육체와 영혼 모두를 돌보시는 완전한 공급자이심을 나타냅니다. 더 나아가 '참된 나눔'이란 단순히 남는 것을 내주는 게 아니라 내 몸과 마음이 찢기는 희생까지 감수하는 것임을 보여주지요.

> **우리도 해봐요!** 실천 Tip
> 만나 원리를 삶에 적용하기

"하나님이 매일 필요한 만큼 주시는 건 다른 생명도 살리라는 뜻이다."

이 만나의 원리가 52패밀리에서 실현되고 있습니다. 52패밀리의 다양한 사역 중 '이모가족' 프로그램은 평생 한 아이의 이모, 삼촌이 되어주는 일대일 관계 맺기 사역입니다. 사실 '평생'이라는 단어가 큰 부담일 수 있고, 양육시설 아동 중에는 ADHD나 대인관계에 어려움이 있는 아이도 많아 쉽지 않은 사역이지요.

그런데도 이모, 삼촌 가정이 든든한 울타리가 되어줄 때, 아이는 처음으로 '가족의 기쁨'을 경험합니다. 여느 아이들이 가정에서 누리는 것처럼 이모, 삼촌과 함께 여행하고 맛있는 음식도 먹으면서 소소한 추억을 쌓아가지요.

현재 양육시설에서는 보육교사 한두 명이 여러 학년과 반을 함께 돌봐야 해서 아이에게 일대일 관심을 쏟기도 어렵고, 입학식이나 공개수업 같은 행사를 일일이 챙길 수도 없는 실정입니다. 그래서 52패밀리 이모, 삼촌이 학교에 가서 축하해 주거나 참관해 주었더니 아이들의 자존감이 눈에 띄게 높아졌어요. 또 가족사진을 제출할 때, 양육시설에서는 대개 여럿이 한 보육교사와 찍은 사진을 제

출하는데 이모, 삼촌과 함께 '나만의 가족사진'을 찍어 주었더니 아이들이 너무나 좋아하며 자부심도 느끼게 됐어요.

우리 가정도 하랑이보다 한 살 어린 하엘(가명)이를 정기적으로 만나며 이모 가족을 하고 있습니다. 아이가 이미 많은 상처를 안고 있고 애착 형성의 골든타임도 놓쳐 관계 맺는 게 쉽진 않지만, 포기하지 않고 일관된 사랑으로 만나고 있어요. 앞으로 하엘이가 걸어갈 녹록지 않은 현실을 떠올리면 눈물이 터져 나옵니다. '사춘기가 오면 더 힘들지 않을까…' 하는 두려움이 생기기도 해요. 그럴 때마다 하나님이 이런 마음을 주십니다.

'하랑이를 통해 보여주었잖니. 하엘이도 내가 변화시킬 거란다.'

하나님은 매일 필요한 만큼 채워주십니다. 단, 그 은혜는 나만을 위한 게 아니라 어려운 이웃도 살리는 통로입니다. 이것이 바로 만나 원리의 본질이지요. 이 원리를 삶에서 실천하세요. 그러면 자녀도 매일 하나님을 신뢰하고, 자기 분량을 감사히 받으며, 사회적 약자를 돌아보는 삶이 얼마나 복된지를 배울 거예요.

무엇보다 '만나'는 예수님 자신이라는 점을 기억하세요. 우리는 날마다 그분 안에서 영혼과 육신의 공급을 받고, 받은 은혜를 주변에 흘려보내는 삶으로 나아가야 해요. 그것이 하나님 아버지께서 우리를 초대하신 길입니다.

13

사랑으로 징계하기

탕자 아버지의 마음

하랑이가 우리 집에 처음 왔을 때는 원하는 걸 얻기 위해 울고 소리 지르며 떼쓰는 경우가 종종 있었습니다. 저는 "소리 지르는 건 대화가 아니야"라고 몇 번이나 가르쳤지요.

그런데 좀 나아졌다고 생각한 어느 날, 큰 사건이 일어났습니다. 외식 자리에서 "손 씻고 오자"라고 말했더니, 하랑이가 "싫어"라며 십오 분 넘게 울고 소리를 질렀지요. 급기야 제 팔을 꼬집고 할퀴기까지 했어요. 주변 시선이 따가웠지만, 저는 단호하게 대응했습니다.

"떼쓰고 소리 지르는 건 대화가 아니야. 대화할 준비가 될 때까지 기다릴게."

결국 하랑이는 울음을 멈추고 손을 씻고 나와서는 조용히 "미안해요"라고 하더군요. 저는 아이를 꼭 안아주며 말했어요.

"밥 먹기 전에 손 씻는 건 네 건강을 위한 규칙이야. 아무리 하기 싫어도, 소리 지르며 우는 건 올바른 대화 방법이 아니야. 그래도 엄마는 너를 정말 사랑해. 이렇게 사과를 하니 정말 용감하고 멋지다!"

이 일은 하랑이에게 결정적인 전환점이 되었습니다. 그 후로 전처럼 울고 떼쓰는 모습을 거의 볼 수 없었고, 의견이 있을 땐 분명하게 표현하되 대화를 통해 갈등을 조율할 줄 아는 아이로 점점 변화했어요. 저도 아이에게 잘못을 알려주고 징계하되, 돌아올 길을 열어주는 게 얼마나 중요한지를 깨달았지요.

우리가 익히 아는 탕자의 비유에서도, 아버지는 아들을 정죄하지 않았습니다. 아들이 돌아올 때까지 기다렸고, 마침내 돌아오자 달려가서 안아주었지요. 자녀가 잘못했을 때 부모가 용서하고 변함없는 사랑을 표현하면, 자녀는 '내가 여전히 사랑받고 있구나'라고 느끼며 놀랍게 변합니다.

매를 아끼는 자는 그의 자식을 미워함이라 자식을 사랑하는 자는 근실히 징계하느니라 잠 13:24

> 주님께서는 사랑하시는 사람을 징계하시고, 받아들이시는 아들마다 채찍질하신다. 히 12:6 새번역

우리는 '징계'를 부정적이고 무섭게만 생각합니다. 하지만 성경은 징계가 '자녀를 바른길로 이끄는 사랑의 표현'이라고 말씀합니다. 만약 자녀가 혼나거나 교정을 받지 않는다면, 옳고 그름의 기준을 배우지 못해서 더 큰 실패에 노출될 수밖에 없으니까요.

단, 징계가 부모의 감정을 쏟아내는 화풀이가 되어서는 안 됩니다. 아이가 잘못했더라도, 징계의 목적은 단순히 벌을 주는 데 있는 게 아니라 아이 스스로 잘못을 깨닫고 회복할 수 있도록 돕는 데 있습니다.

탕자의 아버지를 떠올려 보세요. 아버지는 아들을 정죄하거나 내치지 않았습니다. 아들이 돌아오길 기다렸고, 멀리서 오는 아들에게 달려가 꼭 안아주었습니다. 징계 후에는 반드시 회복의 시간을 가져야 합니다. "네 행동은 잘못됐지만, 너는 여전히 소중하고 사랑받는 존재야"라는 메시지를 아이에게 들려주세요. 그러면 아이는 '그래, 다시 잘해 보자'라는 희망을 품고 부모 품으로 안심하고 돌아옵니다.

징계는 단순히 화내고 벌주는 행위가 아니라, 아이의 행동

이 왜 옳지 않은지, 앞으로 어떻게 바뀌어야 하는지를 차근히 알려주고, 다시 부모 품으로 돌아올 길을 열어주는 사랑의 표현임을 꼭 기억하세요. 사랑의 방편으로서의 징계는 자녀에게 안전한 울타리가 되어줍니다. 그 안에서 자녀는 하나님 아버지의 마음을 배우고, 자아가 성숙해지지요.

성경 속 말씀을 살아낸 사람들

탕자의 아버지: 사랑과 징계의 조화(눅 15:11-32)

탕자의 아버지는 재산을 탕진하고 돌아온 아들을 멀리서 보고는 한달음에 달려가 목을 껴안고 입을 맞추었습니다. 이 장면은 '회복의 자리를 열어둔 사랑'을 나타냅니다. 포용과 징계의 균형을 가장 아름답게 그린 대목이지요.

이 탕자의 비유는 제 신앙의 문을 연 첫 말씀이었습니다. 사실 저는 가족과 지인이 오랜 시간 전도했지만, 마음을 열지 않았었어요. 그러다가 셋째를 낳고 산후 우울증에 걸려 인생의 허무함을 매일 곱씹던 시절, 낮아진 마음으로 처음 교회에 갔습니다. 그때 들은 설교가 바로 이 비유였습니다. 다 이해하진 못했지만, 제 마음에 강하게 박힌 한 문장이 있었어요.

"하나님 아버지가 너를 오래 기다리셨다."

하나님 아버지께서 탕자 같은 나를 멀리서부터 알아보고 달려와 품어주신다는 메시지에 눈물이 왈칵 쏟아졌습니다.

그때부터 하나님 아버지에 관해 더 알고 싶다는 마음 하나로 성경을 공부하기 시작했어요. 역사에 관해 공부하고, 지도와 고고학, 과학 자료까지 찾아가며 사실 여부를 확인했습니다. 본문을 깊이 이해할수록, 하나님 아버지의 사랑이 너무나 놀랍게 다가왔지요.

여전히 많은 사람이 자기 기준과 방식으로 하나님을 판단합니다. 제가 그랬기에, 그들에게 하나님 아버지를 제대로 알려주고 싶어서 성경 가르치는 사역도 시작했습니다.

탕자의 비유는 크고 놀라운 '하나님 아버지의 사랑'을 보다 깊이 담아냈습니다. 핵심 장면과 그 안에 담긴 의미를 살펴볼게요.

1. 작은아들의 유산 요구

이 비유에는 두 아들이 등장합니다. 그중 작은아들이 아버지에게 자기 몫의 재산을 미리 달라고 요구합니다. 유대 사회에서 유산은 아버지가 돌아가신 후에 받는 게 일반적이기에 살아 있는 아버지에게 재산을 요구하는 건 패륜에 가까웠습니다. 그런데도 아버지는 허용합니다. 인간적으로 보면 이해할 수 없지만, 바로 여기서부터 아버지의 사랑이 드러납니다. 하나님께서도 우리의 자유의지를 존중하시기에 때때로 우리의 어리석은 선택조차 허락하시지요.

2. 이방 땅에서의 방탕과 절망

작은아들은 이방 땅으로 가서 재산을 모두 탕진하고, 설상가상으로 그곳에 흉년이 들어 돼지 먹이까지 탐낼 만큼 비참한 상황에 놓입니다. 이는 아버지를 떠나면, 공급이 끊기고 영적 고독에 빠진다는 사실을 보여주지요. 그래서 하나님 없이 살 수 있다고 믿는 인간의 교만은 결국 영육의 깊은 공허로 이어지기 마련입니다.

3. 회개의 걸음과 아버지의 기다림

모든 걸 잃고 인생 밑바닥까지 떨어진 작은아들은 아버지 집으로 돌아가 종이라도 되기로 결단하고 돌아옵니다. 그런데 멀리서 기다리던 아버지가 아들을 알아보고 달려옵니다. 유대 사회에서 패륜한 자식은 돌로 쳐 죽이는 게 관례였기에 아버지는 아들이 다치지 않도록 몸으로 먼저 감싸준 거예요. 우리가 아무리 큰 죄를 지어도 끝까지 포기하지 않고 품어주시는 하나님 아버지의 사랑과 복음의 본질이 담긴 장면입니다.

4. 조건 없는 회복 선언

작은아들은 "내가 하늘과 아버지 앞에 죄를 지었습니다. 이제부터 나는 아버지의 아들이라고 불릴 자격이 없습니다"(눅 15:21 새번역)라고 고백하지만, 아버지는 한마디 질책 없이 곧장 종들에게 "가장 좋은 옷을 꺼내서 그에게 입히고, 손에 반지를 끼우고, 발에 신을 신겨라. 그리고 살진 송아지를 끌어내다가 잡아라"(눅 15:22,23 새번역)라며 잔치를 베풀라고 명령합니다. 가장 좋은 옷과 신발은 '신분의 회복'을, 살진 송아지는 '넘치는 환영'을 상징하지요.

그리고 아버지는 "내 아들은 죽었다가 다시 살아났으며 내가 잃었다가 다시 얻었노라"라고 외칩니다. 아무 조건 없이 아들의 자리를 즉시 회복시키지요.

5. 큰아들의 분노와 아버지의 넉넉한 사랑

때마침 밭에서 돌아온 큰아들은 돌아온 동생을 위해 아버지가 송아지를 잡았다는 소식에 분노합니다. 자기는 그토록 충성했는데 염소 새끼 한 마리도 주지 않았다며 억울해하지요. 그러자 아버지가 큰아들을 부드럽게 타이릅니다.

"너는 늘 나와 함께 있으니 내가 가진 모든 것은 다 네 것이다. 그런데 너의 이 아우는 죽었다가 살아났고, 내가 잃었다가 되찾았으니, 즐기며 기뻐하는 것이 마땅하다"(눅 15:31,32 새번역). 아버지는 작은아들뿐 아니라 섭섭함에 갇힌 큰아들도 포기하지 않습니다.

아버지는 작은아들에게는 조건 없는 환대를, 큰아들에게는 "여전히 너는 내 아들이다"라는 변함없는 사랑과 위로를 건넵니다. 이처럼 사랑과 징계가 조화를 이루는 넉넉한 품이야말로 우리가 본받아야 할 부모의 모습이지요. 이 마음으로 자녀를 대할 때, 아이는 반드시 회복과 변화의 길로 나아갈 겁니다.

하나님 아버지는 자녀인 우리가 잘못된 선택을 하거나 방황할 때, 징계만 하는 게 아니라 돌아올 길도 열어두십니다. 탕자의 비유는 이런 아버지의 무한한 사랑을 잘 보여줍니다. 그 사랑은 우리의 허물과 죄를 기꺼이 덮습니다. 우리에게는 돌아오기만 하면 언제든 아들로 회복시켜 주시는 은혜가 기다리고 있지요.

부모로서 하나님 아버지의 이 마음을 닮아간다면, 자녀에게 징계와 회복이 함께하는 건강한 울타리를 제공할 수 있습니다. 그 안에서 자녀는 '나는 여전히 사랑받는 존재'라는 정체성을 갖고, 진정한 자유와 성장을 누리게 될 거예요.

> ### 우리도 해봐요! `실천 Tip`
> 회복의 길 열어두기

 탕자의 아버지처럼 징계 뒤에는 자녀를 품어주는 과정을 꼭 마련하세요. 예컨대 아이가 잘못을 진심으로 반성하고 개선 의지를 보인다면, "용기 내줘서 고마워. 엄마, 아빠는 널 믿어"와 같은 격려의 말을 해주세요.

 저 역시 오랜 시간 하나님을 등지고 살았지만, 끝내 하나님께 돌아왔어요. 그때 먼 거리에서 저를 알아보고 달려와 안아주시는 하나님 아버지의 따뜻한 품이 인생의 전환점이 되었습니다. 그 사랑을 온몸으로 경험하자, 저도 아이들을 무조건 믿고 기다려주게 되더군요.

 비유 속 탕자의 아버지도 제 몫을 들고 타국으로 떠나겠다는 작은아들을 믿고 떠나보냈잖아요. 만일 못 가게 막았다면, 아들이 실패한 뒤 성장과 깨달음을 얻기 힘들었을지도 모릅니다. 아들의 실패까지도 허용한 아버지처럼 우리가 자녀를 믿어줄 때, 하나님의 스케일로 자라게 됩니다.

 저는 세 아들을 키울 때, 하나님 아버지의 사랑을 닮고 싶다는 강한 열망으로 그 사랑을 흉내 내려 애썼어요. 뒤돌아보니, 그 작은 노력이 아이들과 저를 성장시켰음을 알게 되었지요. 하랑이를 양육하는 지금은 그 사랑의 원리를 삶의 일부처럼 실천하고 있답니다. 이전엔 잘못을 절대 인정하지 않던 하랑이가 스스로 실수를 고백하고 사과하는 걸 보면 큰 감동이 밀려와요. 저는 그때마다 꼭 안아주며 "잘못을 인정하는 건 정말 용감한 거야. 엄마는 언제나 널 믿고 사랑해"라고 말합니다. 하랑이가 징계 뒤에 오는 회복의 원리를 조금씩 체득하고 있어 기쁘고 감사할 따름이에요.

52패밀리 이모집 조카들에게도 같은 원리를 적용하고 있어요. 그동안 제대로 된 사랑을 받지 못해 돌아올 길조차 몰랐던 조카들의 지난날을 생각하면 가슴이 미어집니다. 그래서 이제라도 52패밀리 이모, 삼촌들을 통해 참된 사랑을 베풀고 가르치려 합니다.

처음에 조카들은 잘못한 게 있어도, 고백하기보다 변명하고, 마음을 닫고, 용기를 내다가 다시 숨기를 반복했어요. 속상하고 안쓰러웠지요. 하지만 그때마다 거듭 알려주었어요.

"네 행동은 잘못됐지만, 그게 우리 사이를 깨뜨리진 않아. 돌아오면 언제든 환영이야."

그리고 어떤 잘못을 해도 "그래도 밥은 먹어야지" 하며 숟가락을 쥐여주고 따뜻하게 끌어안았어요. 만 열여덟 살이 넘은 아이들이지만, 진심은 통하더군요. 조카들은 조금씩, 확실하게 변화하고 있습니다.

한 조카가 말했어요.

"이모, 삼촌들을 보며 어른에 대한 편견이 사라졌어요. 불공평한 상황에 대해 같이 의논하고 나니 새 길이 보였어요."

회복의 문을 열어둔다는 건, 실수해도 돌아올 길이 항상 열려 있음을 끊임없이 알려주는 거예요. 이런 사랑을 받은 아이는 실패에 무너지지 않고 더 높이, 더 멀리 날아오를 용기를 품습니다.

14
신뢰받는 부모 되기

새로운 세상을 열어준 사랑

코로나 팬데믹 직전에 태어난 하랑이는 우리 가족을 만나기 전까지 세상과 접점이 거의 없었어요. 게다가 고집까지 세서 새롭거나 낯선 일은 시도조차 하지 않았지요.

우리 집에 와서도 안 먹어본 음식은 입에 대려 하지 않았고, "한 입만 먹어보고, 맛없으면 안 먹어도 돼"라고 설득해도 끝내 고집 때문에 삼키지 않고 토해 버리는 일도 있었어요.

한번은 스노클링으로 유명한 바다로 가족 여행을 갔는데, 하랑이가 물에 들어가는 걸 극도로 무서워했어요. 바다 생물을 좋아하는 하랑이를 위해 준비한 여행이었기에 '한 번만 용기를 내면 신세계를 볼 수 있을 텐데…' 하는 아쉬움과 속상함이 컸어요. 이때 오빠들이 나서서 하랑이의 눈높이에 맞춰 조금씩 물과 친해지도록 도와주었어요.

처음에 아이는 울고 소리 지르며 물가에도 못 갔지만, 오빠들이 바닷속 풍경이 얼마나 아름다운지를 설명해 주고, 안아서 일 초씩 잠수 시간을 늘리며 연습시켜 주자, 마침내 얼굴을 물속에 넣고 물고기들이 헤엄치는 모습을 볼 수 있었답니다! 정말이지 사랑은 새로운 세계를 열어주는 힘이라는 걸 깊이 깨달은 특별한 여행이었어요.

너희 중에 누구든지 으뜸이 되고자 하는 자는 모든 사람의 종이 되어야 하리라 막 10:44

여러분 가운데 있는 하나님의 양 떼를 먹이십시오. 억지로 할 것이 아니라, … 기쁜 마음으로 하십시오. 여러분은 여러분이 맡은 사람들을 지배하려고 하지 말고, 양 떼의 모범이 되십시오.
벧전 5:2,3 새번역

하랑이가 물에 대한 두려움을 극복하는 과정을 지켜보며, 성경이 말씀하는 '건강한 권위'가 떠올랐습니다. 성경은 권위를 윗사람이 군림하는 수단이 아니라 '섬기고 돌보는 책임'으로 정의하지요. 예수님도 "누구든지 첫째가 되고자 하면 … 뭇 사람을 섬기는 자가 되어야 하리라"(막 9:35) 말씀하셨고, 베드로 역시 "맡은 자들에게 주장하는 자세를 하지 말고 양 무리의 본이 되라"(벧전 5:3)라고 권면했습니다.

아이가 어릴 때는 힘의 우위로 부모 말을 따르게 만드는 것이 비교적 쉽습니다. 하지만 성장하면, 아이는 부모의 속마음을 꿰뚫어 봅니다. 그때 아이에게 '부모님이 나를 정말 사랑하는구나'라는 신뢰와 확신이 생기면 비로소 부모의 권위에 기꺼이 순종하지요.

성경이 말씀하듯, 군림이 아닌 섬김과 돌봄으로 권위를 행사할 때, 자녀는 그 권위를 하나님 안에서 받아들입니다. 부모가 삶과 에너지를 쏟아 자녀를 지지하고, 자녀가 실패했을 때 함께 울어주는 등 변함없는 애정과 사랑을 표현하는 것만이 아이의 마음을 여는 열쇠라고 생각합니다.

우리 안에는 '내가 너보다 위'라는 식으로 군림하고 싶은 본능이 있습니다. 하지만 예수님은 섬기면 오히려 높아진다는 하나님나라 원리를 몸소 보여주셨어요. 그 방법이 자녀를 살리고, 가정에 하나님나라를 세우는 비결입니다.

동생이 새로운 세상을 경험할 수 있도록 돕겠다는 마음으로 오빠들이 기다리고, 돌봐주고, 함께했기에 하랑이는 두려움을 이겨내고 스노클링의 기쁨을 맛볼 수 있었어요. 그 마음이야말로 부모(또는 형제)의 건강한 권위를 아름답게 빛내는 핵심 동력이지요. 아들들을 보며, 저도 아이들을 더 많이 섬기는 부모가 되겠다고 다짐했습니다.

앞으로 하랑이와 우리 조카들에게 사랑으로 섬기는 리더십을 발휘할 생각에 가슴이 벅차오릅니다. 함께 걷고, 함께 울고, 함께 기뻐하는 섬김의 권위가 세워질 때, 아이들이 언제 어디서든 자신 있게 도전하는 사람으로 자라나리라 믿습니다.

성경 속 말씀을 살아낸 사람들
예수님의 리더십: 단호함과 섬김의 조화
(마 16:21-23, 요 13:12-15, 21:15-17)

예수님은 진리를 단호하게 선포하시되 제자들의 미성숙함과 실패를 끝까지 인내하며 품으셨습니다. 단호함과 섬김이 어우러진 그분의 모습이야말로 부모로서 본받아야 할 리더십이지요. 아이들이 불순종할 때 정죄가 아닌 책임감 있는 사랑으로 지도하면, 아이가 더 빠르게 잘못을 인정하고 변화하는 것을 저도 경험했습니다. 성경에 나타난 예수님 리더십의 세 가지 특징을 살펴보겠습니다.

1. 진리를 타협하지 않는 '단호함'

예수님은 제자들이 잘못된 방향으로 가려 할 때 분명하게 멈춰 세우셨습니다. 대표적으로, 베드로가 십자가의 길을 막으려 했을 때, 단호히 말씀하셨지요.

"사단아, 내 뒤로 물러가라."

예수님은 언제나 진리를 기준 삼아 말씀하셨습니다. 기분을 맞춰주는 조언을 하거나 적당히 타협하지 않으셨어요. 제자들은 그 단호함 속에서 그분의 말씀을 진리로 신뢰하게 되었지요.

2. 끝까지 품으시는 '인내'

예수님의 리더십에 단호함만 있는 건 아니었습니다. 베드로가 예수님을 세 번이나 부인했음에도 예수님은 부활 후 그를 찾아오셔서 "네가 나를 사랑하느냐"라고 물으셨습니다. 정죄가 아닌 회복의 기회를 주신 거였지요. 예수님의 이런 모습은 실수와 실패를 통해 성장해 가는 이들에게 가장 필요한 은혜의 본이 되었습니다.

3. 발을 씻어주시는 '섬김의 권위'

요한복음 13장에서 예수님이 제자들의 발을 씻기신 일은 단순한 친절 이상의 사건이었습니다. 선생이자 주인이신 예수님이 스스로 종의 자리로 내려오신 이 사건은 '권위란 높은 자리에서 명령하는 게 아니라 낮은 자리에서 섬기는 것'임을 눈으로 보여주신 리더십 선언이었습니다. 시범만 보이신 게 아니라 명확하게 당부하셨지요.

"내가 너희 발을 씻겨주었으니, 너희도 서로 남의 발을 씻겨주어야 한다."

이는 "내가 대신 다 해줄게"가 아니라 "너희도 서로 섬기며 살아라"라는 제자 훈련의 메시지를 남기신 거였지요. 우리는 이 당부를 가정에서 적용할 수 있습니다. 부모가 자녀에게 먼저 섬김의 본을 보이면, 자녀도 형제나 친구, 이웃을 대할 때 자연스럽게 섬김의 태도를 보일 겁니다.

예수님처럼 진리를 단호하게 선포하되, 사랑으로 품고 기다리며, 낮은 자리에서 섬기는 리더십을 실천해 보세요. 부모의 권위가 하나님의 권위 아래서 더욱 신뢰받게 될 것입니다.

하랑이도 섬김의 가족 문화에서 자라다 보니, 오빠들처럼 친구를 초대해 함께 어울리는 시간을 참 좋아해요. 하루는 하랑이가 생일 파티를 열고 싶다면서 "반 친구 전부를 불러야 해요"라고 하는 거예요. 제가 "몇 명만 초대하자~"라고 했더니 아이가 단호하게 말하더군요.

"엄마, 그러면 못 온 친구 마음이 얼마나 속상하겠어!"

결국, 반 전체 아이들과 엄마들까지 초대해서 집이 터져 나갈 뻔했답니다! 하랑이는 생일 파티 메뉴도 직접 고르고, 친구들 일정도 조율하고, 세 오빠에게 역할까지 나눠주며 스스로 '파티 디렉터'가 되었어요.

파티가 진행되는 동안에도 이리저리 바쁘게 뛰어다니며 자기 역할을 찾아 움직이는 모습을 보니 하랑이가 어찌나 귀엽고 흐뭇하던지요. 물론 힘들었지만, 온 가족이 함께 준비한 덕분에 즐거운 추억으로 남았습니다.

그날 하랑이는 자기가 얼마나 사랑받고 있는지를 온몸으로 느낀 듯했어요. 사랑이 차곡차곡 쌓이니 자존감도 하늘을 찌를 듯 높아졌지요. 그 모습을 보며 말씀이 떠올랐습니다.

> 나는 확신합니다. 죽음도, 삶도, 천사들도, 권세자들도, 현재 일도, 장래 일도, 능력도, 높음도, 깊음도, 그 밖에 어떤 피조물도, 우리를 우리 주 예수 그리스도 안에 있는 하나님의 사랑에서 끊을 수 없습니다. 롬 8:38,39 새번역

정말 그렇습니다. 그리스도 안에서 누리는 하나님의 사랑은 어떤 것으로도 끊을 수 없는 완전한 사랑이지요. 하랑이도 그

사랑 안에 있습니다. 가족에게서 충분한 사랑을 받고 자란 아이가 이제 그 사랑을 흘려보내는 자로 성장하고 있다는 사실이 더할 나위 없이 감사합니다.

> **우리도 해봐요!** `실천 Tip`
> 방치도, 과잉 통제도 금물

자녀 교육에서 중요한 건, '어디까지 허용하고 어디서부터 제한할지'를 부모와 자녀가 함께 약속하고, 그것을 책임 있게 지켜나가는 태도예요. 과도한 통제도, 무책임한 방치도 금물이지요. 공부뿐 아니라 삶을 스스로 책임질 줄 아는 어른으로 자라게 하는 게 부모의 권위를 건강하고 살아 있게 만드는 길이라고 확신합니다.

효과적인 자녀 양육은 '따뜻하지만 분명한 한계 설정'에서 시작됩니다. 부모는 감정이 아닌 규칙과 기준에 따라 자녀를 일관되게 훈육(행동 교정)해야 하지요. 만일 규칙과 벌을 자녀와 합의했다면, 기분에 따라 바꾸지 말고 그대로 실행하세요. 그러면 자녀도 '이건 내가 책임져야 할 일이구나'를 명확히 깨닫고, 부모의 권위를 존중하게 됩니다.

이런 훈육을 반복해서 경험한 아이는 순간의 기분에 휘둘리지 않고, 자기 선택에 책임지는 법을 배우며 자신이 할 일을 정확히 인식합니다.

많은 부모가 '자녀 교육=학습 지도'로 생각합니다. 물론 학습 지도도 중요하지만, 그건 부모의 여러 역할 중 하나일 뿐이에요. 우선은 부모의 권위를 건강하게 세워야 합니다. 이것이 선행되면, 자녀도 학습을 포함한 전인격적인 영역에서 건강하게 성장합니다.

첫째와 둘째 아들이 원하는 대학에 진학했을 때, 많은 사람이 "어떻게 공부시키셨어요"라고 물었어요. 요즘 좋은 대학에 가려면 엄마의 정보력, 아빠의 무심함, 할아버지의 재력이 필요하다는 말도 있지요. 하지만 저는 성적을 최우선으로 밀어붙이는 양육을 경계했어요. 그렇게 하면 좋은 대학에 갈 수 있을지는 몰라도, 아이의 영혼과 인격이 망가질 수도 있겠다는 생각이 들었거든요.

그래서 공부만 따로 떼어 교육하지 않았습니다. 먼저는 올바른 삶의 태도와 성경적 원리를 가르쳤어요. 그것이 자연스럽게 공부에도 적용되더라고요. 사실 저는 아이들 시험 일정도 잘 몰랐고, 공부하라는 말도 거의 하지 않았습니다. 시험 기간에 잠깐 격려하거나 배려하는 정도였지요. 그러자 아이들이 스스로 말하더군요.

"공부도 내 인생의 일부니까, 내가 책임져야지!"

물론 아이들이 초·중학교 때는 다양한 경험을 시켜주었어요. 단 '성실'만큼은 늘 강조했지요.

"한번 하기로 했으면, 힘들어도 꾸준히 최선을 다하자."

이 원칙을 세워놓으니 아이들이 점차 공부에 흥미를 느끼고, 고등학교 후반부에 폭발적인 집중력을 발휘하더군요. 그 결과 성적이 꾸준히 올랐고, 입시 준비 기간에는 아이들이 하나님을 더욱 의지하며 영적으로도 자라나는 모습도 볼 수 있었지요.

요즘 고3인 막내아들은 "엄마, 공부가 너무 재밌어요"라며 뿌듯해합니다. 저도 그 말이 얼마나 기쁜지요. 아이의 달란트와 사명을 함께 고민하며 기도하는 시간이 참 소중합니다.

우리 가족은 '온 가족이 동역자'라는 인식으로 서로를 응원하고 세워주는 일이 자연스러워요. 덕분에 이 땅에서 천국을 누리며 살고 있습니다. 이 은혜가 다른 가정에도 흘러가길 바랍니다.

15
권위주의 훈육 vs 자기 주도 훈육

이즈굿한 인생을 살자!

우리 집 가훈인 '이즈굿(Iz Good)한 인생을 살자'는 언뜻 보면 암호처럼 들리지만, 창세기 1장에 하나님께서 세상을 창조하실 때 반복해서 말씀하신 "보시기에 좋았더라(was good)"에서 따온 말이에요(was good의 현재 시제인 'is good'을 'Iz Good'으로 변형했지요).

말씀을 연구해 하나님을 깊이 알고, 안 만큼 하나님을 사랑하며, 그 사랑으로 이웃을 섬기는, 하나님 보시기에도, 사람 보기에도 좋은 인생을 살자는 뜻입니다.

'이즈굿'은 우리 부부가 세운 회사 이름이기도 합니다. 회사 안에는 '52마켓'이라는 브랜드가 있는데, 건강한 집밥과 라이

프스타일 용품을 판매하면서 건강한 식탁을 만들어 가는 일을 하고 있어요. 회사 수익 일부는 사단법인 52패밀리 운영비로 흘러보내고 있고요.

52패밀리는 후원금 전액을 양육시설 아동과 자립준비청년에게 흘러보내려고 세워진 단체라서 그 외의 필수 경비(사무실 임대료나 직원 월급 등)를 어떻게 감당할지 고민이 컸어요. 그런데 그 비용을 52마켓이 충당하면서 하나님 보시기에도, 사람 보기에도 좋은 구조를 갖추게 되었습니다.

하지만 이 구조를 세우기까지 경영학도인 첫째, 둘째 아들과 수많은 논쟁이 있었지요.

첫째: 엄마, 먼저 회사가 크게 성장해야 더 많은 사람을 살릴 수 있어요!

엄마: 그래, 대부분의 회사는 성장이 목표지만, 우리처럼 나눔을 위해 존재하는 회사도 있단다.

둘째: 제 말은 기부를 하지 말자는 게 아니라 합리적으로 하자는 거예요!

엄마: 그런데 합리보다 더 중요한 건 하나님의 뜻이 아닐까?

우리는 팽팽한 논쟁을 거쳐 타협점을 찾았고, 지금의 기부

방식을 확립했습니다. 말씀을 실제 삶과 사업 현장에 어떻게 적용하는지 함께 공부할 수 있어서 참 감사했지요. 언젠가 우리 아이들이 저보다 더 하나님 뜻에 순종하며, 하나님의 꿈을 이뤄드리는 '베리베리 굿한 인생'을 살 거라 믿습니다. 이런 신앙 유산을 물려줄 수 있는 게 부모로서 얼마나 큰 복인지 모릅니다.

오직 사랑으로 서로 종 노릇 하라 갈 5:13

아비들아 너희 자녀를 노엽게 하지 말지니 낙심할까 함이라 골 3:21

가정에서 권위적으로 규율을 세우면 자녀의 마음이 닫히기 쉽습니다. 주입하고 강압하는 방식은 오래가기 어려워요. 성경은 사랑과 협력을 강조하며, 자녀와 함께 규율을 만들어 가는 과정이 중요하다고 말씀합니다.

부모가 가정 규율을 독단적으로 정해서 통보하는 대신 자녀 주도하에 합의된 규칙을 세우면, 자녀는 자연스럽게 책임감과 순종을 배웁니다. 이는 권위주의적 위계가 아닌 사랑 안에서 함께 세우는 '자기 주도식 규율'이라고 할 수 있지요.

자녀에게 규율을 일방적으로 주입하기보다 아이 스스로 규칙을 만들고 이해하며 지키게 하는 방식이야말로, 성경적 사랑 안에서 이루어지는 교육입니다. 그렇게 하면 아이는 부모와 협력 관계를 경험하고, 부모는 사랑으로 세운 '진짜 권위'를 행사할 수 있습니다.

성경 속 말씀을 살아낸 사람들
사도들과 일곱 집사: 공동 결정으로 문제를 해결함(행 6장)

초대 교회가 빠르게 부흥하자 헬라파 유대인 과부들이 구제에서 소외되는 문제가 발생했어요. 이때 사도들은 우리만 믿고 따르라는 식으로 지시하지 않았어요. 대신 공동체와 함께 문제를 논의했고, 헬라파 출신 중 일곱 집사를 선출해 구제의 책임을 맡겼습니다. 믿음과 성령이 충만한 일곱 집사 덕분에 과부 돌봄 문제도 해결되었고, 교회도 더 건강하게 성장할 수 있었지요.

이 일은 '리더(사도)와 공동체가 함께 규율과 역할을 정해 자발적 협력을 이룬 대표 사례'입니다. 만약 사도들이 독단적으로 해결하려 했다면 공동체의 불만이 컸을 텐데, 문제를 제기한 헬라파에서 리더를 세우고 상의하여 풀어갔기에 '불만 해소'와 '교회 성장'이라는 두 마리 토끼를 동시에 잡을 수 있었지요.

이를 통해 우리는 문제 해결의 두 가지 지혜를 얻을 수 있습니다.

1. 문제를 발견한 사람에게 문제 해결 맡기기
2. 함께 규율을 세우고 역할 분담하기

성경은 우리를 "머리이신 그리스도의 몸 된 교회"라고 부르며 서로 유기적으로 협력하라고 당부합니다. 이는 한 사람이 완벽할 수 없고, 사람마다 달란트가 다르기에 서로 결합해야 시너지가 난다는 뜻입니다.

> 우리가 한 몸에 많은 지체를 가졌으나 모든 지체가 같은 기능을 가진 것이 아니니 이와 같이 우리 많은 사람이 그리스도 안에서 한 몸이 되어 서로 지체가 되었느니라 롬 12:4,5

> 몸은 하나인데 많은 지체가 있고 몸의 지체가 많으나 한 몸임과 같이 그리스도도 그러하니라 고전 12:12

저는 이 원리를 가정, 회사, 봉사단체에서 자주 활용합니다. 앞서 말했듯이, 52패밀리가 폭발적으로 확장되어 서울 본부 하나로 전국을 책임지기가 쉽지 않았어요. 그래서 전국을 열아홉 지역으로 나눠 지부를 세우고, 각 지역에 이끄미를 두 명씩 세워 양육시설 아이들을 돕도록 했습니다. 그러자 이끄미들은 각자의 은사대로 재능을 발휘하여 지역 상황에 맞는 실질적 도움을 아이들에게 제공했습니다.

최근에는 자립준비청년을 위한 이모집이 서울과 부산에도 새롭게 탄생했어요. 지역 공동체가 조카들을 돌보면서 본부와 수시로 줌 미팅을 통해 규율을 보완하고, 좋은 아이디어도 나누고 있습니다. 이 협업이 정말 즐거워요. 한 공동체라는 실감이 나지요.

2025년 3월 말에 영남과 충청, 호남 지방에 초대형 산불이 발생했을 때, 각 지역 이끄미들이 현장으로 달려가 조카들의 소식을 신속히 전해주었어요. 당시 한 이모가 말했습니다.

"뭘 준비할 틈도 없이 조카들이 걱정돼 빈손으로 달려갔어요. 놀란 조카들을 안정시키고 집으로 데려가 재워줄 단체는 52패밀리밖에 없었어요."

조카들도 "평소 자주 보던 이모와 삼촌들이 사색이 되어 달려오신 모습에 정말 감동했어요. 앞으로 무슨 일이 있어도 걱정 없을 것 같아요"라고 했습니다.

부산 이모집은 자립준비청년뿐 아니라 그 지역의 양육시설 조카들을 초대하고 있습니다. 부모 없이 자라는 아이들에게 이모, 삼촌들의 존재를 일찍부터 알리며 양육에 동참하고 있지요. 이런 친밀한 관계를 통해 훗날 아이들이 자립했을 때 더욱 실질적인 도움을 줄 수 있도록 준비 중입니다.

초대 교회 사도들이 보인 '지역 분산+역할 분담' 원리가 오늘날 우리 삶에도 살아 움직입니다. 이를 보며 저는 '말씀은 정말 현재진행형이구나' 하고 느낍니다.

> **우리도 해봐요!** 실천 Tip
> 가훈 정하기, 가족 문화 만들기

온 가족이 모여 가정의 중요한 가치를 담은 가훈을 정해보세요. 종이나 액자에 적어서 걸어두면 자녀도 가훈대로 살려고 노력할 거예요. 가훈은 가정을 같은 방향으로 인도하는 깃발 역할을 합니다.

최근 우리 가정은 성인이 된 두 아들과 신년을 맞아 가훈과 가족 규칙을 새롭게 정했어요. 아이들 의견을 들으며 '부모가 부족해도, 하나님 안에서 잘 자라주었구나' 싶어 감격했습니다.

우리는 가훈을 만들면서 '내 인생을 이끄신 하나님'에 관해 이야기하는 시간을 가졌습니다. 그때 문득 '발람 이야기'(민 22장-24장)가 떠올랐어요. 모압 왕 발락은 이스라엘을 저주해 달라며 발람을 부르지만, 하나님이 막으셔서 발람은 저주가 아닌 축복을 선포합니다. 아브라함에게 약속하신 메시아 예언까지 하지요. 그런데 정작 이스라엘 백성은 이런 보호하심을 알지 못했어요. 큰 감동이 실려왔어요.

이처럼 하나님께서는 우리가 깨닫지 못할 때도 늘 지켜주십니다. 우리가 부족해도 앞서 책임지고 계시지요. 그러니 우리는 할 수 있는 것부터 시작하면 돼요.

자, 그럼 다음 순서대로 가훈을 정하고 실천해 보세요.

1 함께 기도하며 아이디어 모으기

부모가 먼저 기도하며 지혜를 구하고, 자녀에게 "우리 가정이 어떤 가정이 되면 좋을까" 하고 물어보세요. 의외로 아이들이 깊고 창의적인 생각을 들려줄 거예요.

2 짧고 명료한 문구 정하기

온 가족이 의논하며 간단한 슬로건을 정해보세요. "이즈굿(Iz Good)한 인생을 살자"처럼 말할 때마다 용기가 나고, 의미도 잘 전달되는 문구를 함께 찾아보세요.

3 집안 곳곳에 붙여두기

가훈을 방문, 거실, 식탁 주변 등 잘 보이는 곳에 붙여두세요. 아이들이 지나다닐 때마다 보면서 우리 가정이 추구하는 가치를 되새기게 됩니다.

4 작은 행동 실천하기

예를 들어, 가훈이 "서로 돕자"이면 '동생 숙제 도와주기', '엄마 집안일 도와드리기'처럼 작은 실천으로 이어지도록 이끌어 주세요. 아이들이 가훈을 삶에 실천하며 책임감을 배웁니다.

5 정기적인 가족 워크숍

일 년에 한 번이라도 온 가족이 모여 가훈을 돌아보고 그에 맞게 살고 있는지 점검해 보세요. 필요한 규칙은 새로 만들거나 조정할 수 있답니다.

지금부터라도 가훈을 만들고 그 가치대로 살고자 노력해 보세요. 가훈이 당신의 가정을 매일 일깨우고 인도해 줄 거예요. 또한 온 가족이 함께 걸어가는 길에 자녀가 즐거이 동참하는 모습을 보며, 하나님의 은혜를 맛보게 될 것입니다.

하나님의 스케일로 키우자

PART

16
하나님의 사랑으로 회복하기

결핍의 대물림 끊어내기

부모 자녀 관계는 정말 특별합니다. 서로에게 좋은 영향을 주기도 하지만, 때론 깊은 상처를 남기기도 하니까요. 그래서 이런 고백을 자주 듣습니다.

"부모님께 제대로 된 사랑을 받아본 적이 없어요. 그래서인지 제 아이에게 사랑을 주는 게 너무 어렵습니다."

안타깝게도, 부모에게서 받은 결핍과 상처는 자녀에게 대물림되기 쉽습니다. 하지만 우리에게는 다행히도 하나님의 완전한 사랑이 있습니다. "우리가 아직 죄인 되었을 때에 그리스도께서 우리를 위하여 죽으심으로"(롬 5:8) 확증하신 하나님의 사랑을 붙들면, 부모에게서 채워지지 못한 빈자리나 마음속 쓴뿌리도 우리 대(代)에서 끊어낼 수 있어요. 그렇게 내가 먼저 치유되면, 그 상처를 자녀에게 넘기지 않게 되지요.

저도 부모님으로부터 사랑과 상처를 동시에 받았기에 한때 쓴뿌리에 갇혀서 힘들었어요. 하지만 내 아이들에게만큼은 그 상처를 물려주지 말자고 결심했고, 하나님을 만난 뒤 그분의 무조건적 사랑을 체험하면서 쓴뿌리를 끊어낼 수 있었습니다. 그러고 나니, 이전의 상처가 오히려 반면교사가 되어 더 좋은 부모 자녀 관계를 맺는 데 도움이 되었습니다.

과거의 상처가 반드시 절망으로 이어지지는 않습니다. 우리는 이미 하나님의 자녀이며, 그분의 완전하고 영원한 사랑을 받고 있으니까요. 그러니 '부모가 내게 못 해줬으니, 나도 아이에게 해주기 어렵다'라는 생각을 '하나님의 사랑으로 쓴뿌리를 끊고, 자녀에게는 복을 물려주자'라는 다짐으로 바꿔보세요. 하나님 안에서 아픔이 치유되면, 그 고통은 더 이상 상처가 아닌 생명이 됩니다. 그 생명이 자녀를 살리고, 비슷한 아픔을 가진 이웃에게도 위로가 되어줄 거예요.

자녀 양육의 최종 목표는 단순히 '말 잘 듣는 아이'로 키우는 데 있지 않습니다. 자녀를 하나님이 주신 귀한 선물로 인정하고, 부모와 자녀가 서로를 존중하며 하나님의 마음을 경험하는 것이 핵심이지요.

> 네 부모를 공경하라 그리하면 네 하나님 여호와가 네게 준 땅에서 네 생명이 길리라 출 20:12

> 보라 자식들은 **여호와의 기업**이요 태의 열매는 그의 **상급**이로다
> 시 127:3

성경은 자녀가 부모를 공경할 때 하나님께서 복을 약속하신다고 말씀합니다. 부모도 자녀를 단순히 돌보거나 통제하는 대상이 아닌 "여호와의 기업"이자 "상급"으로 바라보며 하나님께서 맡기신 소중한 존재로 대하라고 강조하지요. 이처럼 부모와 자녀가 서로를 존중하는 태도야말로 가정 안에서 하나님나라를 이루는 첫걸음입니다.

성경 속 말씀을 살아낸 사람들

사가랴와 엘리사벳: 늦게 얻은 자녀를 '하나님이 맡기신 선물'로 대함 (눅 1장)

사가랴는 처음에 하나님의 약속을 의심해 말문이 막히는 벌

을 받습니다. 하지만 결국 순종하여 아들 이름을 '요한'으로 짓지요. 그가 이 늦둥이를 자기 소유가 아닌 하나님이 주신 특별한 선물로 인식하고 키웠기에, 훗날 요한은 예수님 오실 길을 예비하는 큰일을 담당하게 됩니다. 부모가 자녀를 사명을 품은 귀한 존재로 여기면, 자녀도 자기 정체성과 역할을 발견하게 된다는 걸 알 수 있는 대목이지요.

제게도 사가랴와 엘리사벳이 세례 요한을 '하나님이 맡기신 선물'로 받아들인 것과 같은 순간이 있었습니다.

몇 년 전, 저녁을 준비하다가 솥을 놓쳐 3도 화상을 입었어요. 성분 좋은 간편식을 찾지 못해서 지친 몸으로 밥을 하다가 생긴 사고였지요. 아픈 와중에도 '엄마들이 건강한 집밥을 안전하게 준비할 길이 정말 필요하구나' 하는 마음이 뜨겁게 일었습니다. 마치 하나님의 부르심이 들리는 듯했어요.

'내가 네게 맡긴 세 아들처럼 이웃의 자녀들도 똑같이 귀한 선물이니, 이들을 살리는 식탁을 준비해라.'

화상의 아픔이 '52주 건강한 식탁'이라는 비전이 되었습니다. 저는 52마켓을 만들어 바쁘거나 요리에 서툰 엄마도 영양 가득한 가정식을 쉽고 안전하게 차릴 수 있도록 건강한 간편식을 판매하기 시작했어요. 실제로 '식탁이 회복되니 자녀와 관계가 좋아졌다'라는 이용자들의 후기를 보며, 건강한 한 끼가 가정 회복의 도구가 된다는 확신이 생겼지요.

사가랴와 엘리사벳이 늦둥이 요한을 사명자로 길렀듯이 제 화상도 하나님 손에 들리자 가족과 이웃을 살리는 길이 되었습니다. 상처가 하나님 안에서 해석되어 다른 가정을 살리는 사명으로 바뀌었지요.

덕분에 아이들은 엄마가 고난 중에도 사명으로 일어서는 걸 보며 '고난은 이웃을 살리는 도구'임을 배웠어요. 언젠가 통일이 되면 52마켓을 통해 북한의 고아들을 먹이는 날이 올 거라고 굳게 믿습니다.

> ## 우리도 해봐요! 실천 Tip
> ### 사명(使命) 의식을 키워주기

"네 재능을 다른 사람과 어떻게 나눌 수 있을까? 그 재능으로 누구를 도울 수 있을까?"

자신의 달란트(재능)가 하나님이 주신 특별한 선물임을 자녀가 깨닫도록 도우려면, 위와 같은 질문을 슬쩍 던져주고 달란트를 나눌 기회를 열어주어야 해요. 그러면 아이는 달란트를 사명으로 인식하고, 그것으로 세상을 어떻게 도울지를 생각하게 됩니다.

저도 아이들에게 이렇게 묻곤 했어요.

"넌 그림 그리기(노래, 악기, 운동 등)를 잘하잖아. 그 재능으로 친구들을 기쁘게 할 방법이 뭐가 있을까?"

그러면서 아이에게 수련회 티셔츠를 디자인하게 하거나 농어촌 지역 교회 아이들을 하나님이 주신 달란트로 섬기는 일을 하게 했습니다. 그러자 아이가 '내 재능이 내 것만이 아님'을 느끼며 사명 의식을 갖더군요. 저도 아이들을 키우며 하나님께서 우리의 작은 재능을 하나님의 스케일로 쓰신다는 사실을 깨달았어요.

저 역시 패션을 전공했지만, 몇 년 전부터 식품 브랜드 52마켓을 시작하게 되었습니다. 처음엔 상상도 못한 일이었지요. 그런데 돌아보니, 어쩌면 이 길이 오래전부터 준비되었을지 모른다는 생각이

들었어요. 저는 미식을 즐기고 손님 초대가 잦은 가정에서 자랐어요. 그래서 초등학생 시절부터 친구들을 집에 초대해 직접 요리해 줄 만큼, 음식으로 사람을 기쁘게 하는 걸 좋아했지요.

미국 유학 시절엔 영어 실력을 키우기 위해 좋아하던 미국 요리 채널을 보며 열심히 받아 적고, 직접 따라 하면서 요리 실력도 함께 자랐습니다. 이탈리아에서 공부할 때는 미식의 세계를 더욱 다양하게 경험했고, 이웃 할머니에게 요리를 배우기도 했어요. 이런 경험이 쌓여 패션 사업을 운영하면서 익힌 노하우와 결합되었고, 앞서 말한 화상의 아픔이 결정적인 계기가 되어 식품 사업으로 이어지게 됐습니다.

그리고 광야 시절에 아이들을 충분히 먹이지 못했던 가슴 아픈 경험이 양육시설 아이들을 돕는 사역으로 이어졌어요. 하나님께서 제 작은 재능과 아픔을 하나하나 엮어 세상을 살리는 도구로 확장해 주셨지요. 그래서 저는 아이들에게 늘 말합니다.

"네 재능은 너 혼자 잘 먹고 잘살라고 주신 게 아니란다. 하나님께서 네 모든 경험과 달란트를 사용하셔서 큰 그림을 펼치실 거야."

이 말을 들은 아이 마음속에 자부심과 연정이 자라나는 걸 느낍니다. 내가 받은 달란트가 누군가를 위한 것이라는 '사명 의식'이 아이 안에 깊게 뿌리내리기 시작하는 거지요. 훗날 하나님께서 아이의 작은 재능과 경험을 우리가 상상하지 못한 방식으로 사용하실 수 있으니, 저는 부모로서 그 가능성을 열어두고 기도하며 기다리게 됩니다. 부모가 자녀를 격려하고, 믿음 안에서 그 가능성을 일깨워주면, 아이는 자신의 재능을 더 소중히 여기게 됩니다. 그 재능을 통해 어떻게 선한 영향력을 끼칠 수 있을지를 고민하지요.

또한 자녀의 아픔을 말씀 안에서 해석해 주면, 그 아픔은 상처로 끝나지 않고, 다른 사람을 살리는 에너지로 바뀝니다. 이런 과정을 통해 자녀는 자신에게 주어진 달란트를 사명으로 인식하지요. 그리고 그것을 하나님께서 어떻게 펼쳐가실지 기대하며 자랍니다.

재능이든 상처든 하나님께 올려드릴 때, 이웃의 결핍을 채우는 사명으로 변화합니다. 그 여정을 통해 자녀도, 부모도 그리고 우리가 만나는 모든 사람도 하나님의 큰 그림 속에서 함께 성장하게 되지요.

17
양육 불안과 비교 의식

비교의 굴레에서 벗어나라

어느 날, 교육학을 전공한 동생과 자녀 양육에 관해 이야기하던 중 동생이 어린 시절 제가 한 말을 떠올려 주었어요.

"언니는 사람의 재능을 끌어내는 능력이 있어. 그건 하나님이 언니에게 주신 선물 같아."

어릴 적 동생은 엄지손가락 모양이 다른 사람들과 조금 다르다는 이유로 고민이 많았어요. 그때 제가 무심코 "네 손가락? 얼마나 멋지고 독특한데! 만약 내 손가락이 그랬다면, 자랑하느라 바빴을걸" 하고 말했지요. 그런데 훗날 동생이 "언니 말을 듣고서 알았어. 나는 이상한 게 아니라 특별하다는 걸"라고 고백했어요. 그 얘기를 듣고 다시금 깨달았어요. 자녀를 남과 비교하며 '평균'에 미치는지를 평가하는 게 아니라 '하나님의 고유한 작품'으로 바라보는 게 얼마나 중요한지를요.

저도 학창 시절에 모범생 형제들과 달리 엉뚱하고 창의적인 면이 있어서 늘 비교당하며 자랐어요. 부모님이 "왜 너만 다르니"라며 핀잔줄 때마다 마음에 상처가 되었지요. 그러다 하나님을 만나서 '내가 여느 사람과 달라도 이상한 게 아니구나. 하나님이 나를 이렇게 지으셨구나' 하고 깨달으며 폭포수 같은 눈물을 쏟았어요. 그리고 내 아이는 절대 비교하며 키우지 말자고 다짐했습니다.

한때 ADHD로 자퇴했다가 훗날 하버드대 교수가 된 교육신경과학 분야의 최고 권위자 토드 로즈가 쓴 《평균의 종말》을 보면 인상적인 사례가 나옵니다. 1940년대에 미 공군은 조종석을 '평균 신장과 체형'에 맞춰 설계했는데, 막상 실제 조종사들 가운데 그 조종석에 맞는 사람이 단 한 명도 없어서 큰 문제가 발생했다고 해요. 이 사례를 통해 '평균'이라는 개념은 때로 허상일 수 있으며, 그 기준으로 사람을 재단하는 게 얼마나 위험한 일인지 절감하게 됩니다.

> 각각 자기의 일을 살피라 그리하면 자랑할 것이 자기에게는 있어도 남에게는 있지 아니하리니 갈 6:4

> 우리는 자기를 칭찬하는 어떤 자와 더불어 감히 짝하며 비교할 수 없노라 그러나 그들이 자기로써 자기를 헤아리고 자기로써 자기를 비교하니 지혜가 없도다 고후 10:12

많은 부모가 '내 아이가 평균보다 뒤처지면 어쩌지', '어떻게든 상위권에 들게 해야 하지 않을까' 하는 불안과 염려에 사로잡히곤 합니다. 하지만 성경은 분명히 경고합니다.

"남과 비교하지 말라!"

부모가 비교 의식에 사로잡히면 자녀를 닦달하게 되고, 자녀는 자기만의 독특한 개성을 숨기거나 위축되기 쉬워요.

하나님께서는 우리 자녀를 '걸작품'으로 지으셨습니다. 그러니 세상이 정한 기준과 평균에서 벗어났다고, 아이 스스로 잘못된 존재처럼 느끼게 해서는 안 됩니다. 오히려 그 독특함을 마음껏 펼치도록 응원해 주세요. 그러면 부모도 '하나님이 이 아이를 어떻게 빛나게 하실까'라는 기대로 자녀를 바라보게 됩니다. 앞으로 이렇게 말해 주면 어떨까요.

"네 생각, 정말 독특하고 멋져!"

"너만의 개성이 사람들을 즐겁게 할 거야."

이런 말이 자녀에게 '난 다른 게 아니라 특별한 거구나'라는 확신을 심어줍니다. 그러면 아이가 자기 색깔을 소중히 여기게 되지요. 부모도 양육 불안에서 벗어나 기대함으로 아이를 지켜볼 수 있습니다.

하나님은 이미 우리 자녀를 완벽하게 디자인하셨습니다. 부모가 할 일은 아이의 고유한 개성과 가능성을 기쁘게 응원하는 거예요. 그렇게 지지받은 아이는 평균과 비교의 굴레에서 벗어나 밝고 건강하게 자라날 수 있습니다. 부모도 아이의 빛나는 성장을 지켜보며 감사와 기쁨을 누리게 되지요.

성경 속 말씀을 살아낸 사람들
다윗: 평범한 막내에서 왕이 됨(삼상 16장)

다윗은 여덟 형제 중 막내였어요. 가정에선 막내인 데다 목동이라 별 주목을 받지 못했지요. 그런데 하나님은 키 크고 준수한 형들이 아닌 막내 다윗을 이스라엘의 차기 왕으로 지목하셨습니다. 훗날 다윗은 전쟁터에서 탁월함을 드러냈고, 하나님을 향한 굳건한 믿음을 인정받으며 위대한 왕이자 시편 기자로 크게 쓰임 받았습니다.

다윗처럼 평범해 보이는 아이 안에도 특별한 마음과 남다른 은사가 숨어 있을 수 있다는 사실을 기억하세요. 부모는 자녀의 장점을 자부심으로 연결해 주는 사람입니다.

최근 52패밀리 이모집 조카들 가운데도 그동안 자신이 뭘 좋아하는지 모르겠다며 방황하던 아이들이 조금씩 인생의 그림을 새롭게 그려가기 시작했어요. 왜일까요?

양육시설은 집단생활 특성상 아이 한 명, 한 명에게 세밀한 돌봄을 제공하기 어렵습니다. 공정성을 지켜야 한다는 이유로 개인 맞춤형 지원도 제한되지요. 게다가 많은 아이가 양육의 골든타임이라 불리는 생애 초기부터 상처와 애정 결핍을 경험하기에 적극성과 인내심이 부족하고, 자립 이후에도 단기 아르바이트를 전전하며 자신의 길을 찾지 못하는 경우가 많습니다(물론 잘 찾아가는 아이들도 있어요).

이런 조카들이 이모, 삼촌을 만나 잔소리(?) 섞인 관심과 사랑을 받다 보면, 자연스럽게 인생의 그림을 그려나가기 시작해요. 뭘 해야 할지 몰라 막막해하던 조카에겐 이모집 식구들이 함께 모여 '칭찬 타임'을 가집니다. 또래 친구들과 이모, 삼촌들이 "넌 이런 점이 멋져!", "이건 정말 탁월한 재능이야"라며 장점과 달란트를 찾아주지요. 그러면 조카도 자신이 좋아하는 것들을 조심스레 꺼내기 시작하고, 그 안에서 직업에 대한 아이디어나 새로운 도전의 실마리를 발견하곤 합니다.

더 나아가 이모집에서는 조카들이 재능을 살려 학업이나 직업 훈련을 받도록 행정복지센터나 민간단체 등 다양한 곳에 연결해 주고 있어요. 만일 조카가 예전 습관으로 돌아가거나 게을러지면 이모, 삼촌들이 적당한 압박(?)을 넣으며 다시 힘을 내도록 도와주지요.

요즘 이모집에서는 말 그대로 매주 '보석'이 발굴되고 있어요. 이모, 삼촌들이 조카의 장점을 강점으로 발전시키기 위해 부단히 노력한 덕분이에요. 조카가 늦잠 자서 학원에 못 갈까 봐 매일 아침 모닝콜을 해주고, 요리에 재능 있는 조카를 고급 레스토랑에 데려가 최고의 음식을 맛보게 해주고, 무더위에 야외에서 일하는 조카를 위해 도시락과 간식을 싸 가서 응원합니다.

조카들이 인생의 고비를 넘기고, 더 큰 세상으로 나올 수 있도록 함께 붙들고 응원하는 모습이 하나님의 가족 공동체 같다는 생각이 들어요.

다윗을 '평범한 막내'로만 봤다면, 그가 이스라엘의 왕이 될 수 있었을까요. 평범해 보이는 아이 안에도 엄청난 가능성과 은사가 숨겨져 있답니다. 잠자고 있던 재능이 발굴되어 멋지게 날아오르고 있는 이모집 조카들처럼 우리 자녀도 부모가 '특별한 존재'로 바라봐 주는 순간부터 놀랍게 몰입하고 성장할 거예요.

우리도 해봐요! 실천 Tip
'존재를 축복하는 기도'로 사랑 고백하기

우리는 흔히 자녀가 무언가를 잘해야 칭찬하거나 격려합니다. 그러다 보면 아이는 '내가 잘해야만 사랑받는구나' 하고 느끼며 조건부 사랑에 익숙해질 수 있습니다.

하나님의 시선으로 바라보면, 아이는 이 땅에 태어난 것만으로도 이미 보석이에요. 그러니 무엇을 잘해서가 아니라 아이의 존재 자체를 귀하게 여기고 사랑해 주어야 합니다. 아이가 '나는 소중해, 부모님은 나를 사랑하고 아껴'라고 느낄 때 자존감이 쑥쑥 자랍니다. 그러면 잘못했을 때도 솔직하게 털어놓을 줄 알게 되지요. 부모 자녀 사이에 '안전한 관계'가 형성되기 때문이에요.

저는 매일 아침, 하랑이가 일어나면 마치 백년 만에 만난 것처럼 반가워하며 꼭 끌어안고 기도해요.

"하나님, 이렇게 예쁜 딸을 주셔서 감사합니다. 세상에서 제일 사랑스러운 하랑이를 볼 때마다 하나님이 이 아이를 얼마나 사랑하시는지, 또 우리 가족을 얼마나 아끼시는지 깨닫습니다!"

아침과 잠들기 전에 이렇게 사랑을 고백했더니, 아이의 자존감이 쑥쑥 자라더군요. 가끔은 그 당당함이 부러울 정도랍니다.

대한민국 부모들은 교육열이 정말 높아요. 자녀가 치열한 사회에서 살아남기를 바라는 마음 때문이겠지요. 하지만 아무리 사랑에서 비롯된 마음이라도, 자꾸 지적하고 윽박지르면 아이의 자존감에 상처를 줄 수 있어요. 특히 어린 시절엔 부모의 한마디 한마디가 마음에 깊이 새겨져 자녀를 평생 괴롭힐 수도 있거든요.

그런데 이모집의 사례를 보면, 큰 상처를 가진 아이도 사랑과 인정을 꾸준히 받으면 조금씩 회복되는 걸 봅니다. 그만큼 부모(또는 부모 역할)의 영향력이 어마어마하다는 거겠지요.

성경에서 마음을 "생명의 근원"(잠 4:23)이라고 하듯, 자녀의 마음은 보물 상자와 같아요. 부모가 그 마음을 섬세하게 살피고 말씀과 사랑으로 채워주면 자녀는 어떤 충격에도 흔들리지 않는, 강하고 회복력 있는 내면을 가진 어른으로 자라날 수 있습니다.

성인이 되어서도 "내가 뭘 좋아하는지 모르겠어요", "그냥 적당히 살지 뭐…" 하며 자신을 사랑하지 못하는 이들이 있어요. 그 원인을 찾아보면, 어릴 적에 충분한 사랑을 받지 못했을 가능성이 큽니다.

'자신을 사랑하는 법'은 가장 먼저 하나님과 부모(또는 부모 역할)를 통해 배우고, 이후 배우자나 가까운 이웃을 통해 확장되어 갑니다. 물론 부모에게 충분한 사랑을 받지 못했어도 하나님이나 배우자, 공동체를 통해 온전한 사랑을 경험한다면 언제든 회복할 수 있습니다. 그렇다고 부모의 역할이 작아지는 건 아니에요.

지금부터라도 자녀에게 사랑을 흘러보내기로 결심해 보세요. 절대 늦지 않았습니다. 부족한 부분은 하나님께서 넉넉히 채워주실 테니까요. 과거에 아이에게 실수했거나 상처를 준 기억이 떠오르더라도 괜찮습니다. 지금부터 진심을 담아 대화하고, 용기 내어 사과하고, 변함없는 사랑을 부어주면 됩니다.

자녀에게 사랑을 부어준다는 건, '넌 존귀한 존재야'라는 메시지를 매일 온몸으로 전하는 거예요. 그러면 아이는 자신을 사랑하게 됩니다. 이것이야말로 부모가 자녀에게 해줄 수 있는 가장 아름답고 위대한 역할이 아닐까요!

18

기도로 배우는 하나님의 스케일

광야에서 기도를 배우다

미국에 있을 때, 저는 나름 세상에서 성공한 삶을 살고 있었어요. 하지만 '나는 누구이고, 무엇을 위해 살아야 하는가'라는 근원적인 질문에 답하지 못했지요.

그 질문은 세 아이를 낳으면서 더 깊어졌습니다. 마치 팽팽하게 당겨진 시위에서 활이 쏜살같이 날아가듯, 그 답을 알고 싶은 목마름이 너무 커서 성경을 연구하기 시작했어요. 감사하게도 좋은 멘토를 만나 '기도와 말씀'이라는 두 축을 붙들고 균형 잡힌 신앙생활을 시작할 수 있었습니다.

기도는 하나님과 직접 소통하는 통로이며 성령님의 인도하심을 받는 실제적인 방법입니다(빌 4:6,7, 엡 6:18). 말씀은 하나님의 뜻과 진리를 알 수 있는 권위 있는 기준이며, 우리 삶을 이끄는 절대적인 방향키입니다(히 4:12, 딤후 3:16). 그래서 저는 매일 아침 말씀을 통해 하나님의 뜻을 발견하고, 기도를 통해 그 뜻을 살아낼 능력과 지혜를 구하는 시간을 갖습니다.

광야 시절에는 그 시간이 날마다 감격스러웠어요. 기도와 말씀 덕분에 감정이나 환경에 흔들리지 않고, 하나님의 인도하심을 따라 광야 훈련을 잘 통과할 수 있었지요.

저는 '새벽기도'라는 말만 들어도 눈물이 고여요. 만일 광야 시절에 새벽마다 하나님께 달려가 기도하지 않았다면, 그 시간을 버티지 못했을 거예요. 새벽기도는 제게 하루를 살아갈 생명줄이었지요.

눈이 오나 비가 오나 새벽기도 자리를 지켰더니, 하나님께서 그 자리에서 기적을 일으키셨어요. 내 한계를 넘어서는 하나님의 스케일을 경험하게 하셨지요. 기도를 통해 하나님의 마음을 알게 되니, 내 스케일이 아닌 하나님의 스케일로 살아가게 되었습니다.

제 광야 시절은 '절벽-대로-절벽-대로'의 반복이었습니다. 저녁이면 현실은 마치 가파른 절벽처럼 느껴졌어요. 앞으로 나아갈 길이 끊어진 벼랑 끝에 선 심정이었지요. 그런데 새벽이면 몸을 질질 끌고라도 하나님 앞에 엎드렸습니다. 그러면 하나님께서 제 시야를 그분의 시야로 넓혀주셨어요. 신기하게도, 새벽기도를 마치면 절벽 같던 인생에 대로(大路)가 열리는 것만 같았지요. 그리고 알 수 없는 힘이 제 안에 충만하게 채워져 또 하루를 살 수 있었습니다.

기도는 생각을 '나 중심'에서 '하나님 중심'으로 전환하게 합니다. 기도의 핵심은 내 바람을 관철시키는 게 아니라 하나님의 뜻을 이루는 것이기 때문입니다. 저도 기도할수록 '내 뜻'에서 '하나님 뜻'으로 기도 제목이 바뀌더군요. 그 변화 속에서 기도 시간을 더 사모하게 되었어요.

기도하면서 확실히 배운 게 하나 있습니다. 하나님의 스케일은 시간도, 방법도 우리와 다르다는 사실입니다. 우리는 내가 원하는 게, 내가 정한 방식으로 빠르게 이루어지길 바랍니다. 그런데 하나님의 시간은 더디게 느껴지고, 그분의 방법은 돌아가는 듯 보여요. 하지만 결국 가장 완전하고 깊은 길입니다.

사업 초기에 하나님이 주셨던 말씀이 있습니다.

> 내가 이제 **새 일**을 하려고 한다. 이 일이 이미 드러나고 있는데, 너희가 그것을 알지 못하겠느냐? 내가 광야에 길을 내겠으며, 사막에 강을 내겠다. 사 43:19 새번역

열정과 추진력으로 가득했던 저를 통해 주님이 광야에 길을, 사막에 강을 내시겠다는 약속의 말씀이었지요. 하지만 당시 저는 신앙생활을 막 시작한 상태였고, 하나님이 일하시는 방법을 잘 알지 못한 채 제 열심을 믿고 앞만 보고 돌진했습니다. 그 결과 빠르게 성공하고, 또 빠르게 망하기를 반복했지요. 그렇게 십여 년을 보내며 점점 지치고 힘이 빠졌습니다. 그리고 마침내 이런 고백을 하게 되었습니다.

"하나님, 제가 세상에서는 실패했지만, 그런데도 하나님을 기뻐하는 게 제 사명이라면 기꺼이 그 길을 가겠습니다!"

그제야 하나님은 기다리셨다는 듯이 "새 일"을 행하기 시작하셨습니다.

기적을 체험하는 인생

코로나 팬데믹 때, 주님은 패션 브랜드 '하이지나미'를 접게 하시고, 기적적으로 식품회사 '52마켓'을 시작하게 하셨어요. 그 수익으로 양육시설 아동과 자립준비청년 칠천 명을 돌보는 이모로 저를 세워주셨지요.

당시 저는 오직 말씀과 기도만을 붙들며 하나님의 때를 신뢰했습니다. 그리고 하나님께서 제게 주신 달란트가 그분의 뜻대로 쓰임 받도록 온전히 내어드릴 수 있었어요. 그러자 그 달란트가 저를 살리고, 세상을 살리는 도구가 되었지요.

가장 감사한 건, 이 모든 과정을 제 아이들이 보면서 자랐다는 거예요. 저는 늘 하나님이 행하신 일과 그 원리를 아이들 눈높이에 맞춰 설명해 주었고, 지금은 그 아이들이 대를 이어 하나님께 쓰임 받을 준비를 하고 있습니다. 이 얼마나 감격스러운 일인지요.

기도는 지금 내 눈에 보이지 않는 가능성, 곧 하나님의 스케일과 계획을 바라보게 합니다.

> 너는 내게 부르짖으라 내가 네게 응답하겠고 네가 알지 못하는 크고 은밀한 일을 네게 보이리라 렘 33:3

> 나라가 임하시오며 뜻이 하늘에서 이루어진 것같이 땅에서도 이루어지이다 마 6:10

> 이는 내 생각이 너희의 생각과 다르며 내 길은 너희의 길과 다름이니라 … 하늘이 땅보다 높음같이 … 사 55:8,9

새벽이든, 하루 중 짧은 틈이든 기도를 통해 하나님의 시각을 구하세요. 절벽 끝에서도 대로를 만드시고 광야에도 길을 내시는 그분의 인도하심을 경험할 거예요. 저도 그 기적을 매일 체험하고 있습니다.

성경 속 말씀을 살아낸 사람들
다니엘: 기도로 역사를 움직이다(단 6:10, 12:3)

'기도' 하면 가장 먼저 다니엘이 떠오릅니다. 그는 극한 상황 속에서도 기도의 위력을 온몸으로 보여준 인물이에요. 다니엘의 삶은 '기도가 얼마나 강력한 특권인지', '기도가 어떤 기적을 일으키는지'를 분명하게 증명합니다.

> 다니엘이 이 조서에 왕의 도장이 찍힌 것을 알고도 자기 집에 돌아가서는 윗방에 올라가 예루살렘으로 향한 창문을 열고 전에 하던 대로 하루 세 번씩 무릎을 꿇고 기도하며 그의 하나님께 감사하였더라 단 6:10

다니엘은 유대 귀족 가문 출신으로, 어린 시절부터 모세 오경을 암송하며 신앙훈련을 받았어요. 그런데 그의 십 대 시절에 나라가 망해서 그는 부모 없이 바벨론 포로로 끌려가게 됩니다. 이름도 '다니엘'(하나님이 통치하신다)에서 '벨드사살'(바벨론 신이 그를 지킨다)로 바뀌는 치욕을 당하지요.

고대 문헌을 보면, 왕궁에서 일하던 남성은 대부분 환관이었습니다. 다니엘 역시 가족이나 후손에 대한 언급이 없는 것으로 보아 내시였을 가능성이 크지요. 그는 율법상 성전에 들어갈 수도 없는 몸이었습니다. 게다가 탁월한 능력으로 왕궁에서 인정을 받았지만, 그의 이름이 높아질수록 바벨론 신이 칭송을 받는 모순된 삶을 살아야 했습니다.

그런데도 다니엘은 하루 세 번 무릎을 꿇고 감사 기도하기를 멈추지 않았습니다. 심지어 "왕 외의 신에게 예배하면 사형한다"라는 왕의 조서가 내려진 걸 알면서도 기도를 멈추지 않았지요. 어떻게 그럴 수 있었을까요? '내 생명은 오직 하나님께 달려 있다'라는 확신이 그에게 있었기 때문이에요.

그는 포로 신분이었지만, 느부갓네살 왕의 꿈을 해석하며 바벨론 제국의 총리 자리에 오릅니다. 사자 굴에서도 살아남았고, 바벨론-메디아(메대)-페르시아(바사)로 제국이 바뀌는 칠십 년 동안 공직에 머물며 이스라엘 백성을 보호했지요.

또한 그는 세계사와 메시아(인자)에 관한 환상을 받은 선지자요, 하나님께 "큰 은총을 받은 사람 다니엘아"라고 불린 사람이었습니다.

포로, 환관, 이방 신을 찬양하는 이름으로 개명, 성전 출입 불가 등의 최악의 조건에서도, 다니엘은 기도로 하나님을 끝까지 붙들었습니다. 그런 그를 통해 하나님은 제국을 움직이셨고, 민족을 보호하셨으며, 훗날 메시아의 구속사 청사진을 펼쳐 보이셨습니다.

정말로 그는 "많은 사람을 옳은 데로 돌아오게 한 자는 별과 같이 영원토록 빛나리라"(단 12:3)라는 말씀처럼 기도로 기적을 체험한 사람이었습니다.

> **우리도 해봐요!** 실천 Tip
> **기도의 특권 알려주기**

하랑이는 처음에 하나님이 누구신지도 몰랐고, 기도 자체를 너무 낯설어했어요. 그래서 아이를 품에 안고 수시로 기도하며 말해 주었어요.

"기도는 하나님께 사랑받는 자녀의 특권이야."

또 처음엔 "하랑아, 엄마가 기도하면 네가 '아멘!' 해볼래", "하랑이도 하나님께 말하고 싶은 게 있어?"라고 물으며 아이가 직접 기도하도록 조금씩 이끌었지요.

다음 세 가지는 자녀에게 꼭 알려줘야 하는 기도의 특징이에요.

1 기도는 영혼의 호흡

아이에게 숨을 참게 한 다음, 괴로워할 때 숨을 뱉게 하세요. 그리고 이렇게 말하며 기도의 중요성을 알려주세요.

"우리 몸이 숨을 못 쉬면 죽듯이 우리 영혼도 기도하지 않으면 죽는단다. 만일 기도하지 않고도 괜찮다면 그건 영혼이 이미 위태로운 상태인 거야. 그럴 땐 하나님께 '제 영혼을 살려주세요'라고 기도해야 해."

2 기도의 자리는 영적 전쟁터

아이에게 기도의 자리가 인생의 성패를 결정짓는 곳임을 알려주세요. 시험을 망치거나 친구 관계가 어렵거나 그 외에 아이가 고민하는 여러 문제를 기도 자리에 가지고 나와 하나님께 털어놓고 기도로써 해결하는 습관을 길러주세요.

3 기도는 하나님이 일하시는 통로

다니엘은 기도를 통해 제국의 총리가 되었고, 사자 굴에서도 살아남았으며, 하나님의 역사와 메시아에 관한 큰 그림을 받은 인물입니다. 이처럼 기도는 하나님이 일하시는 통로이며, 단순히 하나님과의 친밀함을 넘어 인생을 바꾸는 권능임을 알려주세요. 다니엘처럼 기도의 자리를 지킬 때, 아이의 삶에도 하나님의 기적이 시작될 것입니다.

함께 기도하기

하고 싶은 말 앞에 '하나님'을 붙이면 기도가 된다고 쉽게 알려주세요. 그러면 아이는 자연스럽게 '기도는 특별한 기술이 아니라 하나님 아버지께 뭐든 털어놓고 감사하는 시간이구나' 하고 받아들입니다. 함께 기도하다 보면, 어느새 아이가 스스로 자기만의 기도를 드리기 시작할 거예요.

아침 기도

"하나님, 오늘도 좋은 하루를 주셔서 감사해요. 제가 하나님 사랑과 이웃 사랑을 많이 받고, 그 사랑을 전하는 사람이 되게 해주세요. 예수님 이름으로 기도합니다, 아멘."

식사 기도

"하나님, 맛있는 밥을 주셔서 감사해요. 맛있게 먹고 튼튼해지게 해주세요. 우리 가족이 북한을 살리는 가족이 되게 해주세요. 예수님 이름으로 기도합니다, 아멘."

속상할 때 드리는 기도

"하나님, 지금 제가 너무 속상해요. 그래도 하나님은 언제나 제 편이시지요? 저를 위로해 주시고, 다시 일어설 힘을 주세요. 예수님 이름으로 기도합니다, 아멘."

자기 전에 드리는 기도

"하나님, 오늘도 저를 많이 사랑해 주셔서 감사해요. 저도 하나님을 많이 사랑해요. 예수님 이름으로 기도합니다, 아멘."

감사 기도

"하나님, 고마운 게 참 많아요. 친구도 주시고, 가족도 주시고, 건강도 주셔서 정말 감사해요. 이 감사한 마음을 세상에 전하는 사람이 되게 해주세요. 예수님 이름으로 기도합니다, 아멘."

기도는 우리의 진짜 아버지이신 하나님과 나누는 편안한 대화예요. 그 대화를 통해 '나는 하나님의 자녀'라는 정체성이 마음 깊이 새겨지지요. 그러면 누가 시키지 않아도 영혼의 호흡을 멈추지 않게 된답니다. 이 시간, 함께 기도할게요.

"하나님, 이 글을 읽고 기도를 배우려는 모든 가정에 은혜를 부어주세요. 부모와 아이가 함께 기도의 기쁨을 누리며, 하나님과 날마다 더 가까워지게 해주세요. 예수님 이름으로 기도합니다, 아멘."

함께하는 사랑, 확장되는 가족

PART 6

19 우리는 모두 하나님의 입양 가족

사랑으로 닮아가는 기적

하랑이가 우리 집에 온 지 몇 해가 지나자, 주변에서 하나둘 말했어요.

"가족이랑 똑 닮았네요!"

돌아보면, 그럴 만도 합니다. 매일 얼굴을 마주하고, 같은 음식을 나누고, 같은 생활 리듬 속에서 같은 세계관을 품고 살아가니 서로 닮아가는 건 너무도 자연스러운 일이지요. 저 역시 가끔 하랑이를 제가 낳지 않았다는 사실이 믿기지 않을 때가 있습니다.

요즘 들어 더욱 실감합니다. 입양 가정이든, 친생 가정이든, 양육시설이든 관계 없이 '부모의 믿음과 시선'이 자녀의 삶과 성장을 결정짓는다는 사실입니다. 하랑이뿐 아니라 이모집 조카들도 이모, 삼촌과 함께 시간을 보내며 점점 한 가족처럼 닮아가더군요. 조카들이 안정적인 문화와 울타리 안에서 평안과 자존감을 회복하는 모습이 정말 감사하고 아름답습니다.

어느 날, 한 조카가 말했어요.

"이모들을 만나면서 제 인생이 완전히 바뀌었어요. 제가 환영받는 귀한 존재라는 걸 처음 느꼈어요."

그 말을 듣고 '영적 가족이란 이런 거구나' 하고 깊이 깨달았습니다.

양육시설에서 오래 생활한 아이들은 많은 경우, '신앙 따로, 삶 따로'인 어른들에게 실망해서 하나님도 멀리 있는 존재로 느끼곤 합니다. 그래서 이모집에서는 처음부터 하나님을 앞세우기보다 무조건적 사랑으로 하나님을 느끼게 해주려고 노력했어요.

그렇게 많은 사랑을 쏟아붓자 하나님의 때가 되니 놀라운 변화가 일어났습니다. 조카들이 "이모, 삼촌들이 믿는 하나님이 궁금해요"라며 기도회에 참석하기 시작한 거예요. 그리고 이모, 삼촌들이 자기들을 위해 눈물로 기도하는 모습을 보고 말했습니다.

"나는 혼자가 아니었네요."

양육시설에서 자란 아이들은 대부분 '부모가 나를 버렸다'라는 깊은 상처와 말로 다 할 수 없는 고난을 안고 살아갑니다. 저는 그들에게 "너는 하나님의 사랑으로 지켜진 존재야. 네게는 특별한 사명이 있어"라고 말해 주고 싶어요.

요셉의 고난이 하나님의 큰 그림 안에서 축복이 되었던 것처럼 이 아이들의 상처와 아픔도 언젠가 세상을 살리는 에너지로 바뀌리라 믿습니다.

> 형님들이 나를 이곳에 팔아넘기긴 하였습니다만, 그것은 하나님이, 형님들보다 앞서서 나를 여기에 보내서, 우리의 목숨을 살려 주시려고 그렇게 하신 것입니다. 창 45:5 새번역

가정의 형태가 어떠하든, 부모와 자녀는 반드시 '서로를 알아가는 과정'을 거쳐야 합니다. 우리가 말씀을 통해 하나님 아버지를 알아가듯, 부모도 자녀를 말씀의 시선으로 이해하고 기다리는 태도가 필요합니다.

저는 세 아들을 낳아 기르고, 하랑이를 입양해 키우면서 알게 되었어요. 아이마다 기질도 다르고 성장 배경도 다르지만, 정체성을 형성하는 데는 '말씀 교육'이 결정적인 역할을 한다는

사실을요. 부모와 자녀가 함께 말씀을 묵상하고 나누다 보면, 가정 안에 '우리는 하나님의 자녀'라는 인식이 자리잡게 됩니다. 그리고 가족만의 영적 문화가 형성되지요.

성경 속 말씀을 살아낸 사람들
에스더와 모르드개: 부모 이상의 영적 가족(에 2:7, 4:14)

에스더는 어릴 적 부모를 여의고, 사촌 오빠 모르드개에 의해 양육되었어요. 비록 '사촌'으로 기록되어 있지만, 모르드개는 부모 이상의 사랑과 믿음으로 에스더를 돌보고 이끌어 주었습니다. 에스더가 왕후가 된 뒤에도 모르드개는 기도와 믿음의 조언을 멈추지 않았지요.

이후 하만의 계략으로 유다 민족이 멸망 위기에 처했을 때, 모르드개가 에스더에게 전한 말이 유명합니다.

"네가 왕후의 자리를 얻은 것이 이때를 위함이 아닌지 누가 알겠느냐!"

이는 부모 또는 영적 부모가 자녀에게 "하나님께서 너를 부르신 목적이 있다"라고 일깨워 주며, 두려움을 이기고 부르심을 따라 일어설 용기를 불어넣는 대표적인 장면입니다.

에스더가 민족을 살리기 위해 목숨 건 결단을 내릴 수 있었던 배경에는 모르드개의 믿음과 기다림, 영적 권면과 동역자적 사랑이 있었어요. 이처럼 부모는 자녀의 인생을 대신 살아주는 존재가 아니라, 자녀가 하나님의 부르심을 붙들고 따르도록 격려하며 기다리는 사람입니다.

아이의 기질과 성격, 학습 능력 등은 낳아준 부모로부터 유전적 영향을 받는 게 사실입니다. 이는 일종의 '내부 설계도'와 같지요. 하지만 아이를 둘러싼 환경도 못지않게 중요해요.

특히 세 살까지는 양육자와의 애착 관계, 가정 분위기, 교육 자원, 문화적 경험 등이 아이의 정서와 잠재력을 실질적으로 형성합니다. 그래서 한 살이 지난 아이를 입양하면 힘들다고 이야기하는 거예요. 초기 애착 형성이 중요한 만큼 입양 부모 입장에서는 두려움과 부담이 클 수밖에 없지요.

저도 하랑이를 세 살 반에 입양하면서, 마음 한편에 '이미 골든타임이 지난 건 아닐까' 하는 두려움이 있었습니다. 하지만 '이 아이를 제 힘으로 키우지 않고, 주님께 맡깁니다'라고 고백하자, 놀랍게도 그 공백의 시간이 하나님의 은혜로 하나하나 채워지기 시작했어요. 그때 깨달았습니다. 하나님의 역사에는 상식이나 골든타임보다 더 큰 '은혜의 법'이 작동한다는 사실을요.

성경에도 비슷한 사례가 많습니다. 앞서 말했듯, 에스더는 부모 없이 자랐지만 모르드개의 믿음과 하나님의 은혜 안에서 자라나 민족을 구하는 사명자로 쓰임 받았어요. 다니엘도 십 대 시절 포로로 끌려가 부모도, 가정도 없이 살아야 했지만, 하나님을 참 부모로 삼고 바벨론과 바사 제국의 영적 지도자로 쓰임 받았습니다(단 1장, 9장).

"문제아가 있는 게 아니라 문제 부모가 있을 뿐이다"라는 말에서 유추할 수 있듯이 부모가 먼저 하나님 앞에 바로 서면, 그 은혜가 아이에게 흘러갑니다. 에스더와 다니엘의 삶이 보여주듯 하나님 안에 있을 때, 기질과 환경의 한계를 초월하는 변화가 일어나지요.

'내가 아이에게 전부 해줘야 해'라는 생각으로 조급해 하기보다 '하나님이 이 아이의 참 부모이십니다'라고 고백할 때, 자녀는 에스더나 다니엘처럼 훨씬 큰 스케일로 성장하며 하나님께 놀랍게 쓰임 받을 것입니다.

아이를 낳았든, 입양했든, 교회나 공동체에서 아이를 돌보든 우리는 모르드개처럼 '영적 부모'가 될 수 있어요. 자녀를 하나님의 뜻대로 인도하는 영적 제사장의 자리에 설 수 있습니다.

더 나아가 곁에 부모가 없거나, 부모의 돌봄과 사랑을 충분히 받지 못한 아이라도 하나님을 참 부모로 붙든다면, 다니엘처럼 하나님의 돌보심 안에서 온전히 자라날 수 있습니다. 이것이 바로 성경적 양육 원리가 주는 희망입니다.

> **우리도 해봐요!** 실천 Tip
> 52패밀리처럼 함께하기

 자녀에게 정말 필요한 건 '가정'이에요. 그래서 부모가 없거나 건강한 가정환경을 경험하지 못한 아이들의 이모, 삼촌이 되어 가정을 선물하는 게 바로 이모가족 프로그램입니다. 만남 주기는 가정 상황에 따라 매주 혹은 격주 등으로 조율할 수 있어요. 가장 중요한 건, 지속적으로 관계를 맺는 거예요.

 양육시설에서는 삼교대로 근무하는 보육교사들이 아이들의 '엄마 역할'을 합니다. 아이들은 하루에도 여러 엄마를 만납니다. 그런데 조금만 마음을 열어도 금세 이별할 시간이 찾아오기에 좀처럼 마음을 열지 못하지요. 엄마의 부재로 인한 상처는 아이들 안에 깊이 박혀, 울지 않고는 견딜 수 없는 고통이 되기도 합니다.

 온 가족이 함께하는 식사, 가족끼리 갈등하고 화해하는 모습, 거실에 모여 웃으며 이야기하는 평범한 가정 풍경이 그 아이들에겐 낯설고도 신기한 장면이지요.

 하루는 한 조카가 우리 집에 놀러 와서 말했어요.

 "와~ 가정집에 와본 건 처음이에요!"

 그 말이 제 마음을 쿡 찔렀습니다. 제게는 당연한 일상이 누군가에겐 기적 같은 일이라는 걸 알았지요.

몇 년째 조카들을 사랑과 정성으로 섬겨온 이모들의 단톡방이 있어요. 그 안에는 늘 조카 자랑이 넘칩니다.

"우리 조카가 이렇게 컸어요!"

"조카의 입학식 다녀왔어요!"

"공개수업을 참관했는데, 조카가 저를 보느라 수업에 집중을 못하더라고요~."

"조카가 가족사진 숙제에 우리랑 찍은 사진을 냈어요!"

이런 글을 볼 때마다 눈시울이 뜨거워집니다.

매해 여는 이모가족 야유회에서는 "○○가 벌써 이렇게 자랐네" 하며 한 가족처럼 사랑이 깊어지는 시간을 보냅니다. 그 모습을 보고 있으면 가슴이 벅차오르지요.

저도 처음엔 '이모'였다가 하랑이 입양을 결심하면서 '엄마'가 되었고요. 물론 모든 아이의 엄마가 될 수는 없지만 어떤 방식으로든 조카들에게 '넌 나의 소중한 가족이야'라는 메시지를 꾸준히 전하려 해요. 그러면 조카들이 마음 문을 열기 시작하더군요.

실제로 이모집에서 함께 지내는 조카들이 자기가 혼자가 아님을 깨닫고는 더 힘을 내서 자립 준비를 하더군요. 하나님께 얼마나 감사한지 모릅니다.

더 감사한 건, 이모가족 프로그램에 참여한 이모, 삼촌 가정 자녀들의 변화입니다. 자기만을 위해 살던 아이들이 또 다른 아이와 함께 울고 웃고 사랑을 나누는 경험을 통해 가족의 의미를 새롭게 배워 가족 관계가 더 깊어졌다는 고백이 이어지고 있어요.

우리가 누군가에게 '영적 부모'가 되어준다면, 그 아이를 통해 놀라운 일을 이루시는 하나님의 역사를 반드시 보게 될 거예요.
하나님은 성경 곳곳에서 말씀하십니다.
"고아와 과부, 나그네를 돌보아라."
우리가 이모, 삼촌으로서 이 땅의 조카들을 품을 때, 하나님은 우리 가정에도 크나큰 은혜와 기쁨을 부어주십니다. 저는 이 일의 산증인으로서 확실히 말씀드릴 수 있어요.
물론 "평생 함께하겠다"라는 약속이 처음에는 부담스럽고 두려울 수 있습니다. 하지만 하나님께서 함께하시니 걱정할 필요 없어요. 그분의 말씀을 따라 순종하면, 우리가 상상 못한 기쁨과 열매를 맛보게 될 거니까요.

# 20

마음의 벽 허물기

아이와 대화하는 방법

어릴 때 우리 집은 꽤 가부장적 분위기였어요. 마음속 이야기를 허심탄회하게 주고받는 문화가 없었지요. 그래서 온 가족이 풍성하게 대화하는 가정을 보면 참 부러웠어요. 훗날 가정을 꾸리면 제 아이들만큼은 서로를 깊이 이해하고 마음껏 대화하며 지내길 간절히 바랐지요.

그런데 막상 부모가 되어 보니, 아이들이 무언가를 말할 때마다 자꾸 끼어들어 지적하고 싶은 충동이 일어나더군요. 매번 '이러면 안 되지' 하고 다짐해도, 생각처럼 쉽지 않았습니다.

그러던 어느 날, 성경 말씀에서 '경청'과 '배려'에 대해 묵상하게 되었고, 그때부터 아이의 말을 중간에 끊지 않고 끝까지 듣는 훈련을 시작했습니다. 아이가 자기 생각을 다 말할 때까지 기다린 뒤에 제 말로 다시 정리해서 아이에게 들려주었지요. 그러자 아이의 말을 '판단'하기보다 아이의 마음에 먼저 '공감'하게 되더군요. 무엇보다도 아이들과 대화하는 시간이 즐겁고 행복해졌습니다. 어느 순간부터는 대화가 깊어져서 시간 가는 줄도 몰랐지요.

이런 대화 문화가 가정에 자리잡자, 아이들이 고민이 생기면 먼저 달려와서 "엄마, 이런 일이 있었는데, 어떻게 생각해" 하고 묻는 일이 많아졌어요. 단순히 '엄마니까' 묻는 것도 있겠지만, 동시에 '성경쌤'인 엄마에게 하나님의 지혜를 구하는 마음도 느껴졌습니다.

요즘은 고집 세고 무뚝뚝하던 하랑이도 제가 잘 들어주고 공감하기 시작하자 속마음을 예쁘게 꺼내놓곤 해요. 대화법 하나 바꿨을 뿐인데 이런 변화가 있는 게 놀라울 따름입니다.

성경에도 대화를 통해 관계를 회복하고 문제를 풀어가는 장면들이 등장합니다. 여호수아 22장에서는 이스라엘 지파들이 갈등을 대화로 풀어가고, 사도행전 18장에서는 브리스길라와 아굴라가 아볼로의 잠재력을 대화로 열어주는 모습이 나오기도 하지요.

이 말씀들을 묵상하며, 우리 가정도 서로의 말에 귀 기울이고 상대의 마음을 배려하기 시작했어요. 그러자 사랑과 이해가 깊어졌고, 웬만한 어려움은 함께 힘을 합쳐 이겨낼 수 있다는 확신이 생겼지요.

혹시 '우리 가정은 왜 대화가 안 될까', '아이들과 도대체 어떻게 소통해야 하지' 이런 고민이 있다면, '나부터 바꾸자'라고 마음먹는 게 가장 빠르고 확실한 문제 해결의 출발점입니다. "내가 하나님과 가까워질수록 성숙해지고, 그 성숙함이 다른 사람과의 관계를 회복시킨다"라는 원리가 부모 자녀 관계에도 적용되기 때문이에요.

포기하지 말고, 하나님께 가정의 관계 회복을 간구해 보세요. 하나님께서 당신과 자녀의 마음을 회복시키시고, 가정을 복의 근원으로 세워주실 거예요.

그렇게 작은 변화가 쌓이다 보면, 딱딱했던 권위가 부드러워지고, 그 자리에 깊은 공감과 따뜻한 대화가 피어날 겁니다. 저는 그것이 성경이 말씀하는 아름다운 가정의 모습이라고 믿습니다.

> 각 사람은 자기 말만 하지 말고, 다른 사람의 말도 경청하며, 사랑으로 서로를 배려해 주어라. 빌 2:3,4 저자 역

성경은 부모 자녀 관계를 단순히 명령하고 순종하는 관계로 보지 않습니다. 서로 존중하고 배려해야 할 관계로 가르치고 있지요. 부모의 과도한 권위적 태도는 자녀 마음 문을 닫고, 심각한 갈등을 불러올 수 있어요.

반대로, 부모가 자녀의 의견을 먼저 듣고, 자녀 마음에 공감하면 가정이 한결 평화로워지고 소통도 깊어집니다. 부모가 일방적 지시만 내려서는 아이의 진심을 얻기 어려워요. 양방향 대화 속에서 서로 마음을 확인하고 인정하며, 두 마음이 연결될 때 참된 변화가 일어납니다.

교육학적으로도 '적극적 경청'(Active Listening)이 자녀의 자존감과 부모와의 유대감을 크게 높인다는 연구 결과가 있습니다. 그러니 부모가 먼저 경청하고 자녀를 존중함으로써 마음의 벽을 조금씩 허물면 좋겠습니다.

성경 속 말씀을 살아낸 사람들

브리스길라와 아굴라, 아볼로: 신뢰와 지혜로운 대화(행 18장)

아볼로는 구약 성경에 해박한 학자였지만, 예수님이 메시아이심을 정확히 알지는 못했어요. 그때 브리스길라와 아굴라가 그의 이야기를 주의 깊게 들어주었고, 집으로 초대해 예수님이 그리스도이심을 부드럽고 친절하게 설명해 주었습니다. 아볼로는 그 가르침을 겸손히 받아들였고, 이후 수많은 사람을 주께로 인도하는 탁월한 사역자로 쓰임 받게 됩니다.

이 장면은 상대의 이야기를 먼저 존중하고 부족한 부분을 지혜롭게 보완해 주면, 예상치 못한 변화와 성장이 일어날 수 있음을 보여주는 대표적인 사례입니다.

셋째 윤모가 초등학교 고학년 때, 학부모 상담을 하러 간 적이 있어요. 담임 선생님이 저를 보자마자 조심스레 물었습니다.

"어머니, 윤모 짝꿍 때문에 속상하진 않으셨어요?"

알고 보니, 아이의 짝꿍은 자폐 스펙트럼 장애가 있는 데다 과격한 성향이어서 아이들 사이에서 기피 대상이었어요. 그런데 윤모가 "제가 그 친구의 짝이 되고 싶어요"라며 자원했고, 다른 친구들은 이 주마다 짝을 바꾸는데, 윤모는 몇 달째 그 친구와 짝을 유지하고 있다고 했어요.

선생님은 그 친구가 원래 감정 표현이 서툴고 자주 과격한 행동을 보였는데, 윤모와 짝이 된 후로는 행동이 안정되고 행복해 보인다고 하더군요. 상담을 마치며 제가 말했어요.

"윤모가 좋은 친구를 만나게 해주셔서 감사합니다."

그리고 그날 저녁, 윤모에게 짝꿍이 어떤 아이냐고 물어보았더니, 아이가 말했습니다.

"엄마, 내 짝꿍은 마음이 예쁜 아이야. 자기 생각을 잘 표현할 줄 몰라서 답답해 보일 때도 있지만, 내가 들어주고 표현할 수 있도록 도와주면 재밌는 이야기랑 독특한 생각을 많이 들려줘. 난 너무 좋아!"

정말 감사한 순간이었어요. 그 친구와 잘 지내려면 마음을 끝까지 들어주는 인내심과 필요한 부분을 살피고 돕는 배려심이 필요했을 텐데, 가정에서 배운 성경적 대화법을 삶에서 실천한 아들이 참 기특했습니다.

브리스길라와 아굴라가 아볼로를 존중하며 대화했던 것처럼 짝꿍의 이야기를 귀담아듣고 부족한 부분을 보완해 주는 윤모의 지혜로운 태도가 두 아이의 우정을 돈독하게 하고, 서로에게 긍정적인 변화를 일으킨 거예요.

혹시 가정이나 학교, 공동체에서 '얘는 안 돼'라며 함께하기를 포기하고픈 지체가 있나요? 아볼로는 브리스길라와 아굴라의 도움으로 훗날 위대한 설교자가 되어 복음을 전했습니다. 마찬가지로, 지금 내 앞에 있는 지체의 말을 끝까지 들어주고 도와주려는 마음을 가지면, 그는 잠재력과 아름다움을 꽃피울 수 있어요. 하나님께서 늘 우리 기도에 귀를 기울이시고, 우리의 부족함과 연약함을 사랑으로 보완해 주시듯 말이에요.

> **우리도 해봐요!** `실천 Tip`
> 아이가 말할 때 '끼어들지 않기'

아이가 말하기 시작하면, 지적하거나 해결책을 주기 전에 끝까지 듣는 습관을 들이세요. 그리고 "네가 말한 건 이런 뜻이지? 엄마, 아빠는 네 마음을 충분히 이해해"와 같이 아이가 한 말을 요약하고 공감해 주세요. 그러면 아이가 깊은 안정감을 느낄 거예요.

1 행동에 담긴 '감정' 읽기

많은 아이가 말보다 행동으로 감정을 표현합니다. 그럴 때 "왜 그래", "빨리 해"와 같은 반응으로 아이의 감정을 무시하거나 지시하기보다 '저 행동에 담긴 아이의 마음을 들어보자'라는 생각으로 접근해 보세요. 행동 뒤에 숨은 감정을 공감해 주면 아이가 스스로 더 편안하게 마음을 표현합니다. 아이의 마음 문을 여는 열쇠가 될 수 있어요.

2 '존중 - 공감 - 칭찬' 대화법

- 존중: "네가 이런 점이 힘들구나."

  아이의 상황 먼저 인정하기
- 공감: "엄마, 아빠도 그런 기분이 들었던 적이 있어."

  아이의 감정 함께 느끼기

- 칭찬: "그런데 이렇게 해낸 게 정말 대단하다!"
  아이의 장점과 노력을 구체적으로 칭찬하기

이 세 단계를 반복하다 보면, 아이 마음속에 '부모는 내 말에 진심으로 귀 기울여 주는 사람이야'라는 생각이 자리잡습니다. 그것이 신뢰를 깊게 하고, 아이의 자존감 형성에 큰 힘이 됩니다.

우리는 상대가 멋진 말을 했을 때보다 내 이야기를 끝까지 들어줬을 때 '그 대화, 정말 좋았다'라고 느낍니다. 반대로, 내 말은 듣지 않고 자기 말만 쏟아내는 사람과는 거리를 두고 싶어지지요. 아이도 마찬가지예요. 부모가 끝까지 들어주면, 아이는 부모와의 대화에 믿음과 기대감을 갖기 시작합니다. 그때부터 '진짜 소통'의 문이 열리지요. 또한 부모가 자녀의 작은 특징까지 알아보고, 그 안의 탁월함을 칭찬할 때, 아이는 그 영역에서 더욱 자라납니다.

하랑이는 처음에 옷과 양말의 촉감이나 입었을 때의 모양에 매우 예민하게 반응했어요. 양말을 원하는 각도로 맞출 때까지, 원하는 촉감의 옷을 찾을 때까지 입고 벗기를 수차례 반복하곤 했지요. 그럴 때 저는 다그치기보다 공감하고 칭찬해 주었어요.
"와, 엄마 눈엔 안 보이는데 하랑이 눈엔 양말의 각도가 보이는구나. 정말 특별한 눈을 갖고 있네!"

그리고 이 섬세한 감각을 그림 그리기로 발휘하게 했습니다. 그랬더니 아이는 자신만의 감각을 화폭에 정교하게 표현하기 시작했고, 그 경험을 통해 자신의 섬세함을 강점으로 인식하게 되었지요.

저는 하랑이가 그린 그림들을 액자에 넣어 걸어주고, 집에 손님이 오면 큐레이터 역할을 맡겼습니다. 또 일상에서도 "네 감각은 특별하고 소중해"라고 자주 말해 주었지요. 그러자 아이가 일상적인 상황에는 예민함이 줄어들었고, 예술적으로 관찰하고 표현해야 하는 순간에는 더욱 몰입하며 빛나기 시작했어요.

이 과정을 통해, 부모로서 자녀의 행동 하나하나에 담긴 마음과 가능성을 읽어주는 게 참 중요하다고 느꼈습니다. 이런 태도는 훗날 아이가 사회생활을 할 때도 긍정적인 자존감과 자신감을 형성하는 든든한 밑거름이 되어줄 거예요.

부모가 자라야
아이가 자란다

PART

21

함께 배우는 인내

순종은 축복으로의 초대

광야를 통과하며 세 아들을 키우는 일은 녹록지 않았어요. "가지 많은 나무에 바람 잘 날 없다"라는 말처럼 하루도 조용한 날이 없었지요. 아이들이 일으키는 크고 작은 사건으로 인해 저도 감정의 소용돌이를 자주 겪었습니다. 그런데 하나님께 시선을 고정하니 그런 요동함이 서서히 잦아들었고, 엄마의 역할을 감사와 기쁨으로 받아들이게 되었지요.

세 아들을 어느 정도 키우고 '이제 좀 숨 돌릴 수 있겠다' 싶었는데, 우리 가정에 뜻밖의 새로운 도전이 찾아왔어요. 바로 하랑이 입양이었지요. 52패밀리 사역을 하던 중 하랑이를 처음 만났고, 그 아이를 보는 순간 '하나님이 예비하신 내 딸이구나'

라는 강한 확신이 들었습니다. 그런데도 입양이라는 선택은 처음에 큰 두려움으로 다가왔어요. 세상에서 들려오는 입양과 관련된 부정적인 이야기들 때문에 주저하기도 했지요.

'내가 낳은 아이도 키우기 쉽지 않은데, 입양은 더 힘들지 않을까? 사춘기에 아이와 큰 충돌이 생기면 어떡하지?'

그러던 어느 새벽, 마음이 복잡해서 말씀을 묵상하는데 로마서 8장이 제 가슴을 세차게 두드렸습니다. 요약하면 이런 말씀이었어요.

"우리는 하나님의 자녀가 되었고, 그리스도와 함께 공동상속자가 되었다."

그 말씀 앞에서 눈물이 터져 나왔습니다.

'창조주 하나님께서 피조물인 나를 조건 없이 자녀 삼아주셨는데, 사람이 사람을 맞이하는 걸 두려워할 이유가 있을까!'

그때부터 제 안에 남아 있던 입양에 대한 두려움이 조금씩 녹아내리기 시작했습니다. 대신에 깊은 은혜와 확신이 생겼고, 한층 여유롭고 성숙한 마음으로 하랑이를 입양하여 양육할 수 있었지요.

하랑이가 우리 가정에 주는 행복과 감격은 말로 다 표현할 수가 없어요. "입양이 이렇게 행복한 일인 줄 몰랐어"라고 절로 고백하게 되지요. 그러면서 다시금 깨달았습니다.

'하나님께 순종하는 건, 축복으로의 초대구나!'

물론 자녀 양육이 언제나 순탄하리라는 보장은 없어요. 또 다른 인내와 눈물의 시간이 찾아올 수 있습니다. 그러나 이미 광야 같은 세월을 지나며 하나님의 신실하심을 생생히 경험했기에 앞으로도 넉넉히 이겨낼 수 있으리라 확신합니다.

하나님께 맡기고 기다릴 때, 자녀는 하나님의 뜻대로 자라나고, 부모도 그 과정에서 성숙해집니다. 네 아이의 엄마가 된 지금, 돌이켜보니 하나님께서 날마다 우리를 돌보셨고, 제가 아이들을 기다려 주는 동안 하나님도 저를 기다려 주고 계셨다는 사실을 깨닫습니다. 결국 '부모도 함께 배우는 인내'란 단지 아이를 참아주는 시간이 아니라, 하나님께서 부모를 더 아름답게 빚으시는 선물 같은 시간이었습니다.

하나님, 제가 먼저 자라야겠어요

인내를 온전히 이루라 이는 너희로 온전하고 구비하여 조금도 부족함이 없게 하려 함이라 약 1:4

> … 환난은 인내를, 인내는 연단을, 연단은 소망을 이루는 줄 앎이로다 **롬 5:3,4**

성경은 사람이 '인내'를 통해 온전함과 성숙에 이른다고 말씀합니다. 부모도 자녀를 양육하면서 하나님의 섭리와 은혜를 깊이 체험하지요. 아이를 키우다 보면, 내 부족함과 죄성이 적나라하게 드러날 때가 많습니다. 그때마다 저는 '내가 아이를 변화시키는 게 아니라 하나님이 나를 변화시키시는 중이구나' 하고 깨닫곤 합니다.

아이를 기다리는 시간은 단지 아이의 성장을 돕는 시간만이 아닙니다. 이 갈등과 고난의 시간은 하나님께서 부모를 빚으시는 '광야 학교'일 수 있어요. 그저 아이를 위해 애쓰는 시간이 아니라, 하나님께서 나를 연단하시는 시간인 거지요.

부모의 인내는 자녀에게 여유를 주는 동시에, 하나님께서 부모를 자라게 하시는 은혜의 방편이 됩니다. 하나님은 그 인내의 시간 속에서 부모의 시야를 넓히시고, 감정을 다듬으시며, 기도와 말씀으로 내면을 단련시키십니다.

그리고 부모가 자랄 때, 자녀도 하나님의 뜻 가운데 함께 자라납니다. 이 믿음이 오늘도 저를 붙들어 주고, 아이를 품는 인내의 자리에 기쁨으로 머물게 하지요.

저는 아이의 부족함, 고집, 실수를 인내함으로 지켜보는 일이 반복될수록 마음이 '지침'보다 '성찰'로 채워졌습니다. 한번은 아이가 같은 실수를 반복했는데, 예전 같았으면 짜증부터 냈을 상황이었어요. 그런데 문득 '나는 하나님께 몇 번이나 같은 실수를 했더라' 하는 생각이 들어 곧장 기도의 자리로 나아갈 수밖에 없었습니다. 그러면서 깨달았습니다.

'내가 아이를 기다리는 이 시간에도, 하나님은 나를 기다리고 계셨구나.'

아이의 느린 성장 과정을 기다리다 보니 말씀을 더 붙들게 되었고, 아이의 감정을 이해하려 노력하니 기도가 더욱 간절해졌습니다. "하나님, 제가 먼저 자라야겠어요"라는 고백이 저를 더 부드러운 부모로 만들었지요.

예전에는 부족한 모습은 감춰야 한다고 생각했어요. 하지만 지금은 아이들 앞에서 실수도, 눈물도, 기도하는 모습도 있는 그대로 보여주려 합니다. 한번은 아이에게 이렇게 말했어요.

"엄마도 완벽하지 않아. 하나님께 물으며 너처럼 조금씩 성장하고 있단다."

그 말을 들은 아이의 눈에 신뢰와 안도가 묻어나더군요.

하나님은 부모에게 양육의 책임만 맡기신 게 아니에요. 부모도 그 여정을 통해 믿음이 자라고, 인격이 다듬어지고, 자녀와 함께 자라나길 바라십니다.

성경 속 말씀을 살아낸 사람들
야곱: 아이 잃은 슬픔을 인내하며 하나님께 내려놓음(창 37-46장)

야곱은 열두 아들 중 유독 요셉을 편애했습니다. 그 탓에 형제간 갈등이 깊어졌고, 결국 요셉은 형들에게 미움을 받아 노예로 팔려 가게 됩니다. 야곱은 요셉이 죽은 줄 알고 오랜 시간 깊은 슬픔과 절망에 빠져 지냈지요.

그러던 중 기근이 닥쳐 애굽에 먹을 것을 구하러 가는 과정에서 막내 베냐민마저 잃게 될까 봐 전전긍긍하던 야곱은, 마침내 그토록 붙들고 있던 편애와 집착을 하나님 앞에 내려놓고 이렇게 고백합니다.

"전능하신 하나님께서 … 너희에게 은혜를 베푸사 … 너희 다른 형제와 베냐민을 돌려보내게 하시기를 원하노라 내가 자식을 잃게 되면 잃으리로다."

긴 기다림과 슬픔의 시간은 야곱을 성숙하게 했고, 하나님만을 전적으로 의지하는 계기가 되었습니다. 훗날 요셉을 다시 만난 야곱은 애굽 왕 바로 앞에서도 하나님의 주권을 담대히 선포하고, 그를 축복할 정도로 변화된 모습을 보이지요.

죽은 줄만 알았던 아들을 향한 인내의 시간은, 야곱에게 하나님 뜻에 자신을 맡기는 훈련이었습니다. 그 끝에서 자녀와의 관계가 하나님의 섭리 속에서 회복되는 역전의 드라마가 펼쳐졌지요.

저도 하랑이를 딸로 맞이하면서, '기다림이 부모를 성숙하게 한다'라는 진리를 깊이 체험했습니다.

입양 절차가 진행되던 시기에 하랑이는 일주일 중 닷새는 우리 집에서, 이틀은 시설에서 지냈어요. 그런데 이상하게도, 아이가 시설에서 보육교사님이 예쁘게 묶어준 머리를 집에 오자마자 풀어버렸고, 제가 손도 대지 못하게 했습니다.

입양을 마치고 우리 집에 와서도, 하랑이는 제가 머리를 만지거나 빗으려 하면 강하게 거부했어요. 이유를 물었더니, "시설에서 엄마들이 머리를 너무 세게 묶는게 너무 싫었어"라고 말하더군요.

아이가 빗질조차 허용하지 않다 보니 머리카락은 자주 엉켜 있었고, 주변의 시선도 은근히 신경 쓰였습니다. 어린이집 선생님이나 주변 사람들에게 '가정에서 돌봄을 제대로 못 받고 있는 게 아닐까'라는 오해를 살까 봐 걱정도 됐지요.

실제로 SNS에 올린 하랑이 뒷모습 사진에 "머리 좀 빗겨주세요"라는 댓글이 달렸고, 어린이집 선생님도 "하랑이가 리본이나 머리핀에 관심이 많아요. 한번 시도해 보셔도 좋을 것 같아요"라며 조심스럽게 권했지요.

하지만 저는 그때 다짐했어요. 주변의 시선보다 아이 마음에 더 귀 기울이고, 아이가 편안해질 때까지 기다리기로요. 그리고 이 년이 지난 어느 날, 하랑이가 제게 빗을 들고 와서 "엄마, 나 머리 빗어볼래"라고 말했습니다. 순간, 온몸에 전율이 일었어요. 늘 싫다고만 하던 아이가 마침내 마음을 열고 먼저 다가온 거예요.

이 일을 통해 저는 분명히 배웠습니다. 기다림은 곧 사랑이고, 기다리면 반드시 열매가 맺힌다는 것을요. 만약 그때 제가 조급해서 "머리 안 빗으면 안 나가"라고 다그쳤다면, 아이는 마음을 더 굳게 닫았을지도 모릅니다.

사실 입양 초기에는 하랑이 양육법을 두고 남편과 의견 충돌도 많았어요. 저는 "아이가 전혀 다른 환경에서 자랐으니 충분히 기다려 줘야 해"라고 했고, 남편은 "처음부터 되는 것과 안 되는 것을 명확히 알려줘야 아이가 혼란스럽지 않아"라고 했습니다. 그 조율이 쉽지 않아 한동안은 '우리가 하랑이를 잘 키울 수 있을까' 하는 두려움이 몰려오기도 했어요.

하지만 시간이 흐르면서, 우리는 서로의 의견을 존중하게 되었고, 부부 관계가 더 단단해졌습니다. 그래서 지금은 이렇게 고백할 수 있어요. 하랑이를 통해 하나님께서 우리 부부까지 연단하셨다고 말이에요.

야곱은 요셉이 사라진 뒤, 오랜 시간 슬픔을 견뎌야 했습니다. 하지만 결국 하나님의 손길 안에서 아들과 재회했고, 그 만남을 통해 이스라엘의 새로운 역사가 열렸습니다.

우리 가족도 하랑이와 함께한 여정을 통해 '기다림은 회복의 열쇠'라는 은혜를 깊이 체험했습니다. 입양 초기에는 수많은 갈등이 있었고 눈물 흘리는 날도 많았지만, 그 시간을 지나며 한층 더 단단한 사랑으로 연합하게 되었지요. 이 모든 과정은 하나님께서 우리 가정에 새 일을 시작하신 증거였습니다.

결국 부모가 자녀를 기다리는 시간은, 하나님께서 부모를 빚어가시는 은혜의 시간입니다. 그 기다림 속에서 믿음이 자라고, 관계가 회복되며, 사랑이 완성되어 가지요.

> **우리도 해봐요!** 실천 Tip
> 자기 전 감정 나누기

입양 후 저는 하랑이와 정서적 유대감을 쌓기 위해 아이를 많이 안아주고 함께 잠들며 같이 시간을 보내려 애썼습니다. 특히 자기 전에는 눈을 맞추고 하루 동안 느낀 감정을 나누는 시간을 가졌지요. 그러자 아이가 솔직하게 그날 있었던 일과 자기 마음을 꺼내놓았어요.

"어린이집에서 이런 일이 있었는데, 너무 속상했어."

"오빠가 장난칠 땐 너무 재밌어."

저는 그 말을 들으며 '하랑이가 이런 상황에서 이런 감정을 느끼는구나' 하고 더 깊이 이해하게 되었고, 새로운 통찰을 얻었습니다. 반대로 제 감정을 솔직하게 나누면, 아이도 '엄마가 이런 생각을 했구나' 하며 부모 마음을 더 잘 이해하게 되었지요.

우리는 감정을 나눈 뒤에 짧은 기도로 하루를 마무리했어요. 아이가 저를 위해 기도해 주고, 저도 아이를 위해 기도해 주었습니다.

이 시간을 통해 하랑이는 감정을 말로 표현하는 법을 배웠고, 타인의 감정도 헤아릴 줄 알게 되었어요. 더 나아가, 자신이 기도한 내용에 하나님이 구체적으로 응답하시는 경험을 하면서 '하나님이 정말 내 얘기를 듣고 계시는구나' 하는 신앙의 감격도 누리게 되었습니다. 자기 전 아이와 감정을 나누고 기도하는 시간을 짧게라도 꼭 가져보세요. 아이의 정서적 안정과 신뢰 형성 그리고 신앙 교육까지 이어지는 복된 시간이 될 거예요.

22
부모가 자라야 자녀가 자란다

날로 새로워지려면

하나님을 만나고부터 '나이 듦'이 두렵지 않게 되었어요. 오히려 기대가 생기더군요.

세상은 나이 듦을 외모가 변하고 몸이 약해지는 속상한 일로 보지만, 저는 고린도후서 4장 16절 말씀, "그러므로 우리가 낙심하지 아니하노니 우리의 겉사람은 낡아지나 우리의 속사람은 날로 새로워지도다"를 묵상하면서 소망이 생겼습니다.

바울이 수많은 고난 중에도 낙심하지 않은 이유는 바로 하나님께서 그를 성령으로 새롭게 하셨기 때문입니다

흔히 부모가 나이 들면 자녀에게 짐이 된다고들 합니다. 실제로 자녀 세대로부터 "부모님이 아이처럼 쉽게 삐치고 감정 기

복이 커졌어요"라는 이야기를 자주 듣습니다. 하지만 우리는 하나님의 자녀잖아요. 이런 생각의 흐름도 바꿔야 하지 않을까요!

> 모세가 죽을 때에 나이가 백스무 살이었으나, 그의 눈은 빛을 잃지 않았고, 기력은 정정하였다. 신 34:7 새번역

이는 하나님과 동행하면 마지막까지도 총명하고 강건할 수 있음을 보여주는 구절이에요. 나이와 상관없이 영적인 생명력은 지속될 수 있다는 거지요. 결국, 나이보다 더 중요한 건 '하나님과의 동행'입니다.

저도 모세처럼 하나님이 부르시는 그날까지 자신을 아름답게 가꿔서 자녀에게 좋은 롤모델이 되고 싶습니다. 이를 위해 결심한 세 가지가 있어요.

1. 몸 관리: 규칙적으로 운동하고, 건강한 식습관을 실천하여 몸을 소중히 돌봅니다.
2. 지적·정신적 성장: 뉴스, 독서, 공부를 통해 시대 흐름에 뒤처지지 않고, 늘 배우려는 자세를 갖습니다.
3. 속사람의 새로움: 매일 새벽 말씀을 묵상하고 말씀 앞에 나를

비춰보며 영적 중심을 다잡습니다. 잘한 것은 감사하고 부족한 것은 회개하며, '우리는 하나님의 작품'(엡 2:10 새번역)**이라는 정체성으로 자존감을 회복합니다.**

"삼십 대 얼굴은 삶이 만들고, 사십 대 이후 얼굴은 자기 책임"이라는 말이 있습니다. 이처럼 한 사람의 태도와 마음가짐, 삶의 자취는 그의 얼굴과 분위기, 관계에 고스란히 드러납니다. 그러니 우리가 '말씀'을 기준으로 살아가면 우리의 내면도 날마다 아름답게 변화할 수 있겠지요.

그래서 저는 매일 아침, 마치 얼굴에 마스크팩을 붙이듯 '기도와 말씀 팩'을 하며 내면을 가꾸는 시간을 갖습니다. 그 시간이 쌓일수록 아이들에게 흘러가는 영향력도 훨씬 선하고 깊어진다는 걸 깨달았어요. 부모가 자랄 때, 자녀도 함께 자라납니다. 부모의 삶이 곧 자녀의 거울이기 때문이지요.

'날마다 성숙해지자. 나이 들수록 지혜롭고 온유한 모습으로 자녀에게 기쁨이 되자!'

이렇게 결단하며 노력하는 부모의 모습은 그 자체로 자녀에게 강력한 교육이 됩니다. 부모가 성숙으로 나아가면, 자녀도 자연스럽게 그 길을 따라오게 되지요.

이런 삶은 부모 자신에게도 기쁨과 만족을 주고, 자녀에게는 깊은 감동과 도전을 줍니다. 자녀가 어릴 적에 부모에게 무한한 기쁨을 안겨주었듯이 성숙한 부모의 모습은 자녀 인생에 커다란 선물이 될 수 있습니다.

"나이 들면 어린아이처럼 된다"라는 세상 통념에 속지 마세요. "속사람은 날로 새로워진다"라는 진리를 붙들고 살아가세요. 그 삶 자체가 자녀에게 줄 수 있는 가장 아름다운 유산이 될 것입니다.

성경 속 말씀을 살아낸 사람들

바울: 사명을 완주한 인생(딤후 4:7,8, 행 20:24, 빌 3:13,14)

바울은 수많은 서신을 기록하고 복음을 세계 각지에 전하며 초대 교회를 든든히 세우는 데 크게 헌신한 사도입니다. 그가 인생 말년에 쓴 디모데후서를 보면, 감옥에 갇힌 상황에서도 마지막까지 선한 싸움을 멈추지 않았음을 알 수 있어요. 그는 이렇게 고백합니다.

"나는 선한 싸움을 다 싸우고, 달려갈 길을 마치고, 믿음을 지켰습니다."

이 한 문장이 바울의 삶을 선명하게 보여줍니다. 그는 감옥에 갇힌 사형수였지만, 마지막까지 사명을 향해 달려간 사람이었습니다. 세상 기준으로는 실패한 인생처럼 보일 수 있었지만, 하나님나라 관점에서는 위대한 승리를 이룬 삶이었지요.

무엇보다 놀라운 건, 바울이 지하 감옥에서 써 내려간 말씀들이 지금까지도 수많은 영혼을 살리고 있다는 점이에요. 바울의 고난은 헛되지 않았습니다. 오히려 그가 당한 핍박과 환난 속에서 복음은 더 깊이, 더 멀리 퍼져 나갔습니다.

그의 인생이 우리에게 이렇게 말하는 듯합니다.

"하나님 안에서 끝까지 달려가라. 눈에 보이는 상황에 흔들리지 말고, 믿음의 태도를 굳게 지켜라!"

부모인 우리도 '자녀 양육'이라는 긴 여정 가운데 수많은 고난과 흔들림을 겪습니다. 그러나 끝까지 사명을 붙들고 믿음을 지켜내는 삶의 모습이야말로 자녀에게 전해줄 가장 값진 유산입니다. 저는 종종 바울의 고백을 떠올리며 기도합니다.

"하나님, 저도 사명의 길을 멋지게 완주하게 해주세요!"

나이가 들수록 이 소망이 더 깊어집니다. 가끔 큰아들이 제게 애정 섞인 잔소리를 합니다.

"엄마, 일정 좀 줄이세요. 제 또래 청년들도 그 정도 일정은 소화 못 해요!"

그때마다 저는 힘 있게 대답하지요.

"엄마를 움직이는 건 복음에 사로잡힌 힘이란다!"

저는 이십 년 가까이 말씀으로 하루를 열어왔어요. 매일 새벽 기도와 말씀 묵상으로 영적 체력을 기르고, 받은 마음을 SNS에 나누며 하나님 자녀로서 살아가는 기쁨을 만끽하고 있지요. 이 습관이 제 인생을 지탱하는 동력입니다. 사업 아이디어도, 자녀 양육의 지혜도, 수많은 위기의 돌파구도 전부 말씀에서 얻었습니다.

솔직히 말하면, 젊은 시절로 돌아가고 싶다는 생각을 해본 적이 없어요. 지금껏 정말 전력을 다하며 살아왔기에 다시 살라고 하면 못 살 것 같아요. 대신 그 시절에 받았던 은혜와 사명을 지금의 삶에 아낌없이 쏟아내는 중이지요.

아이들도 그런 저를 보고 자라서인지, 열정과 성실을 삶의 중요한 태도로 여기며 살아가고 있습니다. 그들 삶 속에 '시간을 아끼며 충성되게 살자'라는 태도가 배어있어서 참 감사해요. 저는 아이들에게 자주 말합니다.

"엄마는 하나님으로부터 북한에 대한 사명을 받았단다. 통일이 되면 북한에서 말씀을 가르치고 고아들을 돌보고 싶어. 그러려면 건강도, 영성도 계속 관리해야 하잖아. 그래서 매일 운동하고, 치매 예방을 위해 수면 시간도 지키려고 애쓰는 거란다."

제 말에 아이들은 "우리 엄마는 진짜 못 말려~" 하면서 웃습니다. 때로는 진심 어린 눈빛으로 이렇게 말하기도 하지요.

"엄마가 사명을 붙들고 살아가는 모습, 진짜 멋있어요."

이 한마디가 제게 엄청난 힘이 됩니다.

저는 사람이 나이 들수록 더 성숙하고 아름다워질 수 있다고 믿어요. 부모의 빛나는 인생 후반기는 자녀에게 감동이 되고, 도전이 되며, 살아 있는 영적 교과서가 됩니다. 아이들이 제 삶을 보며 "나도 우리 부모님처럼, 나이 들어도 하나님과 함께 달려가고 싶다"라고 말한다면 얼마나 좋을까요!

'나이 듦=쇠약함'이라는 세상의 공식은 진리가 아닙니다. 진리는 "우리의 겉사람은 낡아지나 우리의 속사람은 날로 새로워지도다"라는 하나님의 약속이지요. 이 약속을 붙들고, 인생의 마지막 순간까지 사명을 따라 달려가는 기쁨의 여정을 완주하길 진심으로 기도합니다.

우리도 해봐요! 실천 Tip
신앙 모델 되기

부모가 하나님 앞에서 믿음으로 살아가는 모습은 자녀에게 최고의 교과서입니다. 일상 속에서 기도하고, 말씀을 묵상하며, 회개하는 모습을 자연스럽게 보여주세요. 그리고 아이에게 말해 주세요.

"엄마, 아빠도 하나님 안에서 날마다 배우며 자라고 있단다."

그 말을 들은 아이는 부모 역시 자신처럼 성장하는 존재임을 알게 됩니다.

하랑이 입양 후, 저는 아이에게 가정의 신앙 문화를 어떻게 알려줄지 고민이 많았어요. 결론은 단순했습니다.

"삶으로 보여주자!"

그래서 출근길에도, 출장을 갈 때도, 말씀을 전하는 현장에도 하랑이를 데리고 다녔습니다. 아이가 신앙을 일상 속에서 보고 듣고 느끼게 하려는 의도였지요. 한번은 꽤 큰 집회에서 말씀을 전하고 있는데, 하랑이가 강단 뒤편에서 "지남쌤! 지남쌤!" 하고 저를 부르더라고요. 그 순간 아이의 반짝이는 눈빛이 이렇게 말하는 것만 같았어요.

"와, 우리 엄마 멋지다! 하나님을 위해 사는 건 멋진 일이구나!"

또 집에서는 매일 말씀을 묵상하고 연구하는 제 모습을 보며,

하랑이가 기도와 말씀으로 하루를 여는 일을 당연하게 받아들이게 되었습니다. 그러면서 아이 내면에 '나도 엄마처럼 하나님과 대화하는 특권을 누릴 거야!' 하는 소망이 자라났지요.

또 제가 성경 이야기를 동화처럼 재미있게 들려줬더니, 어느새 하랑이에게 성경은 '세상에서 가장 재미있는 책'이 되어버렸습니다. 아이는 자연스럽게 '하나님의 말씀이 삶의 가장 중요한 기준'임을 조금씩 배워가고 있어요.

처음에 하랑이는 실수를 슬쩍 넘기려는 습관이 있었습니다. 아마 양육시설에서 혼나지 않으려고 잘못한 순간을 모면하던 행동이 습관이 된 것 같았어요. 그래서 하루는 제가 일부러 작은 실수를 하고, 아이에게 말했지요.

"앗, 엄마가 잘못했네. 미안해! 다음부터 안 그럴게. 하랑아, 엄마를 위해 함께 기도해 줄래? 잘못했을 땐 솔직하게 사과하고 인정하는 게 용감하고 멋진 거야."

처음엔 가만히 듣기만 하던 하랑이가 그 후로 점점 변해 갔어요. 하루는 조심스레 다가와서 말하더군요.

"엄마, 그때 내가 잘못했어요. 미안해요. 함께 기도해 줄래요?"

어찌나 대견하고 감사한지요! 자기 언어로 잘못을 고백하며 회개와 용서를 배우는 아이의 모습이 정말 뭉클했습니다.

이런 과정을 거치며 더욱 확신하게 되었어요. '살아 있는 신앙'만이 최고의 교육이라는 것을요. 부모가 먼저 믿음의 본을 보이고, 실수를 인정하며 회개하는 모습을 보일 때, 아이는 하나님 앞에서 용서를 구하는 게 부끄러운 일이 아니라는 진리를 마음에 새기게 됩니다.

매일 하나님 앞에서 어떻게 살아야 하는지를 말이 아닌 삶으로 보여주세요. 부모의 신앙이 자녀 마음 깊은 곳에 뿌리내리게 될 거예요.

23
계속되는 여정

변화는 반드시 일어난다

자녀와의 관계에서 후회가 없는 부모가 있을까요. 누구나 '아이에게 그때 그렇게 했어야 했는데…' 하며 후회합니다. 이미 다 커버린 아이와 서먹해져서 마음 아파하는 부모도 많을 거예요. 저도 그랬어요.

하지만 말씀을 붙잡으며, 지금부터 다시 시작해도 늦지 않다는 소망을 갖게 되었습니다. 특히 부모가 자녀 앞에서 성장하고 노력하는 모습을 보이는 것 자체가 최고의 교육이란 걸 절감했지요.

오늘부터 다시 시작하겠다는 결단이 과거를 끊는 회개의 발걸음이자 새길을 여는 출발점이 됩니다. 후회에 머무르지 말고, 지금 하나님 안에서 한 걸음을 내딛어보세요. 작은 결단 하나가 관계의 온도를 높이는 시작이 될 수 있습니다.

자녀가 이미 성인이 되었더라도 늦지 않았어요. '이게 끝이 아니야. 하나님이 새로운 길을 여실 거야'라는 믿음으로 다시 자녀에게 손 내밀어 보세요. 이 믿음에서 작은 변화가 시작되고, 하나님의 은혜로 회복의 열매가 맺힐 거예요. 머지않아 "우리 가족이 정말 달라졌어요"라고 고백하는 날이 올 것입니다.

저도 이 책을 쓰며 마음 아픈 순간이 떠올랐습니다. '내가 이런 글을 쓸 자격이 있나' 싶어 글을 멈추기도 했어요. 그때마다 아이들에게 미안했던 일을 사과하며 제 진심을 전했습니다. 그리고 다시 써 내려갔지요.

최근에 우리 가정에는 큰 변화가 있었습니다. 둘째가 성인이 되었고, 첫째와 둘째가 대학 진학을 위해 해외로 가서 집안 풍경이 많이 달라졌지요.

그래서 지난해 12월 31일부터 올해 1월 1일까지 '패밀리 워크숍'을 열었습니다. 그간 못 전한 마음을 나누고, 앞으로 어떤 가족 문화를 만들어 갈지 논의했지요. 일주일에 몇 번쯤 안부 전화를 할지, 가족 여행은 언제 갈지, 주중에는 '패밀리 타임'을 언제 가질지 등 크고 작은 약속을 함께 정하는 그 시간이 따뜻하고 소중했습니다. 아이들도 '우리 가족이 참 특별하구나' 하는 마음을 되새긴 것 같았어요. 언젠가 아이들이 결혼해서 가정을 이루면 저마다 새로운 가족 문화를 만들어 갈 것입니다. 그때가 되면 지금 제 마음을 이해하겠지요.

가능하면, 일 년에 한 번쯤 패밀리 워크숍을 열어보세요. 장소는 집에서도 좋고, 여행지에서도 좋습니다. 또 일주일에 한 번은 온 가족이 식사하며 대화하는 패밀리 타임을 가져보세요. 함께 하나님의 말씀을 나누는 시간을 곁들인다면 금상첨화고요.

우리 집은 '지남쌤 성경공부' 유튜브 채널을 통해 말씀을 묵상해요. 같은 말씀을 읽고 나누는 것만으로도 가족 간 정서적 유대가 훨씬 돈독해진답니다. 같은 방향을 바라보며 걷는 힘은 정말 큽니다.

> 형제들아 나는 아직 내가 잡은 줄로 여기지 아니하고 오직 한 일 즉 뒤에 있는 것은 잊어버리고 앞에 있는 것을 잡으려고 푯대를 향하여 그리스도 예수 안에서 하나님이 위에서 부르신 부름의 상을 위하여 달려가노라 빌 3:13,14

성경 속 말씀을 살아낸 사람들

베드로: 큰 실패 이후 더 강해진 사도(요 21:15-19)

베드로는 예수님을 세 번이나 부인하는 치명적인 잘못을 저질렀습니다. 그런데도 부활하신 예수님은 그를 찾아오셔서 다정히 물으셨지요.

"네가 나를 사랑하느냐? 그렇다면 내 어린 양을 먹이라."

예수님은 실패를 책망하시기보다 사명을 맡기셨습니다. 죄책감에 사로잡힌 채 주저앉아 있던 베드로를 교회의 반석으로 세우셨지요. 베드로는 예수님의 사랑과 재초대에 응답했고, 이전보다 더 단단하고 성숙한 사도가 되어 수많은 이를 주께로 인도했습니다.

이 장면은 '지금부터 다시 시작하라'라는 복음의 핵심 메시지를 담고 있습니다. 베드로의 역전 드라마는 그만의 이야기가 아닙니다. 이 회복의 기적은 우리 가정에도 일어날 수 있습니다.

하랑이는 에너지가 넘치는 아이에요. 아파트에 살 때는 아래층의 항의가 끊이질 않았지요. 고민 끝에 결심했어요. 아이가 마음껏 뛰어놀 수 있는 전원주택으로 가기로요.

그런데 막상 이사할 집을 보니, 내부가 온통 회색빛인 거예요. 밝고 화사한 색감을 좋아하는 제 취향과는 정반대였지요. 리모델링을 하자니 예산도 빠듯했고 시간도 없었어요. 그래서 결국 그대로 가되, 가구와 소품으로 색을 입히기로 마음먹었습니다. 그 결과는 놀라웠어요. 우중충했던 공간에 우리 가족만의 따뜻한 색감이 입혀져 훨씬 매력적인 집이 완성된 거예요. 이 경험을 통해 깨달았습니다.

'우리 인생도 그렇구나. 끝난 것 같은 순간에도 하나님을 의지하면 더 아름답게 변화할 수 있구나!'

양육시설에서 자란 조카들 가운데는 ADHD나 경계성 지능 등 정신적 어려움을 겪는 아이들이 많습니다. 생애 초기에 일대일 사랑과 안정된 양육을 받지 못한 결과일 가능성이 크지요.

이 아이들은 태어나자마자 엄마의 품을 떠나 낯선 환경에서 가장 기본적인 정서적 안정감조차 누리지 못한 채 불안과 두려움 속에서 살게 됩니다. 한 보육교사가 동시에 세 명에서 많게는 다섯 아이를 돌보는 현실이기에, 한 아이가 충분한 사랑과 섬세한 돌봄을 받는 것은 사실상 어렵습니다. 이것이 아이에겐 큰 정서적 상처로 남게 되지요.

이 글을 쓰며 눈물이 흐릅니다. 제 딸 하랑이도 그 아픔을 지나왔으니까요. 이모집에 오는 큰 조카들 대부분 마음 한편이 공허하고 뻥 뚫려 있습니다. 그래서 저는 한 아이라도 더 이 모집으로 데려와 사랑하고 보살피며 회복되도록 돕고 싶어요.

이모집은 양육시설처럼 식판을 사용하지 않습니다. 예쁜 그릇에 정성껏 차린 집밥으로 조카들을 맞이하지요. 정서적 공백을 채우는 데 가장 큰 역할을 하는 게 바로 집밥이더군요. 식판이 익숙한 아이들에게 따뜻한 가정식 한 끼가 주는 위로는 말로 다 할 수 없을 만큼 큽니다.

이모들은 편식이 심한 조카에게 어떻게든 채소를 먹이기 위해 조리법도 바꿔보고, 그릇에 담는 방식까지 고민합니다. 그 마음과 정성을 느끼는지 조카들의 입맛이 조금씩 건강하게 변해갑니다. 이모, 삼촌들은 너무도 기뻐하며 더 큰 사랑을 쏟아붓지요. 그 모습을 보며 저는 생각합니다.

'이 아이들의 마음에 사랑이 차곡차곡 쌓인다면, 회색빛이던 내면에 따뜻한 빛깔이 하나둘 입혀져서 언젠가 아름다운 빛으로 눈부시게 피어나지 않을까!'

베드로의 실패는 끝이 아니었습니다. 예수님의 사랑은 그를 다시 일으켜 세웠고, 그는 이전보다 더 단단한 사도로 거듭났어요. 우리 삶도 마찬가지입니다. 지금 절망 가운데 있어도 하나님 안에서는 언제든 다시 일어날 수 있습니다.

"다 끝났어"가 아니라 "다시 시작이야"라고 말해 보세요. 실수와 늦음이 오히려 더 멋지게 도약할 새로운 기회가 될 수 있습니다. 아픔과 실패가 클수록 하나님은 더 놀라운 반전을 준비하십니다. 그분을 믿고, 부모로서 자녀와 함께할 사랑의 식탁을 차려보세요. 그 작은 첫걸음 뒤에 회복의 기적이 시작될 겁니다. 베드로가 그것을 증명했고, 하랑이와 조카들이 그 기적의 증거입니다.

우리도 해봐요! `실천 Tip`
온 가족이 작은 약속 정하기

가족이 모여 "우리 가족, 지금부터 다시 시작하자"라고 선언해 보세요. 과거의 실수나 부족함을 자책하기보다 앞으로의 방향과 목표를 함께 정하면, 부모와 자녀 모두에게 동기부여가 됩니다.

아이들이 자라면서 우리 가정에도 변화들이 찾아왔어요. 각자 일정이 바빠지다 보니 한자리에 모이기도 어려웠고, 함께 정한 가족 규칙들도 의미를 잃어갔습니다. 마음의 거리도 조금씩 생겨났지요. 이러다 정말 멀어질까 봐, 용기 내어 가족회의를 소집한 후, 말했어요.

"우리가 각자 흩어져 있어서 이대로 가다간 함께하는 시간이 사라질 것 같아. 우리, 다시 노력해 보지 않을래?"

아이들은 반갑게 반응했지요. 그날 우리는 주에 한 번 정해진 시간에 근황을 나누기로 약속했어요. 이후 아이들은 이 시간을 우선순위에 두고 일정을 잡았지요. 사소한 노력이었지만, 가정의 분위기가 훨씬 따뜻해졌습니다. '하루에 세 번 연락하기, 매일 저녁 오 분 대화하기, 주에 한 번 함께 식사하기' 등을 정해 보세요. 부모가 먼저 손을 내밀면 자녀는 그 온기를 기억하고 결국 그 손을 잡습니다. 늦었다고 느끼는 이 순간, 하나님은 '지금부터'의 길을 열어가십니다. 그 길로 첫걸음을 내딛길 바랍니다.

52패밀리 사역 소개

'52패밀리'는 '오병이어의 기적을 함께 만들어가는 하나된 가족'이라는 의미를 담고 있습니다. 우리는 단순한 후원을 넘어, 부모의 사랑이 필요한 아이들에게 평생을 함께할 '진짜 가족'이 되어주고자 합니다.

주요 사역

아이들의 성장 단계에 맞춰 가장 필요한 도움을 제공하며, '이모, 삼촌, 조카'라는 이름으로 마음을 나누는 가족 공동체를 만들어가고 있습니다.

1. 아동 양육시설 아이들을 위한 사역

- **이모가족**: 한 아이와 한 가정이 '더해진 가족'이 되어 정기적 만남과 교류를 통해 평생 기댈 수 있는 정서적 가족 관계를 맺어갑니다.
- **일대일 물질 후원**: 매월 필요한 개인 물품을 지원하는 맞춤형 일대일 후원을 통해 아이 한 명, 한 명을 향한 진심을 전합니다.
- **52패밀리 파티**: 매년 약 백 개의 시설에서 다양한 이벤트를 진행하며 아이들에게 즐거운 추억을 전하고 지속적인 만남의 발판을 마련합니다.
- **크리스마스 선물 보내기**: 전국 약 이백여 기관의 칠천 명 어린이가 받고 싶은 맞춤형 선물을 준비해서 편지와 함께 정성껏 아이들에게 전달합니다.

2. 자립준비청년(보호종료아동)을 위한 사역

- **밥톡톡(Bab-Tok-Tok)**: 시설에서 퇴소해 홀로서기를 시작한 자립준비청년들을 대상으로 밥톡이모, 삼촌이 일대일로 연결되어 따뜻하고 자연스러운 밥상 안부를 묻는 지속적인 관계를 통해 정서적 유대감을 형성합니다.
- **이모집**: '밥톡톡'의 만남이 이어져 서울(2024년 7월)과 부산(2025년 3월)에 마련된, 자립준비청년들이 언제나 환대를 받을 수 있는 공간입니다. 이모가 만들어 주는 따뜻한 밥을 먹으며 쉼을 누리고 자립에 필요한 힘을 얻습니다. 더불어 삶의 전반적인 멘토링을 통해 자립의 역량을 기르며 가족을 경험하는 곳입니다.
- **멘톡톡(Men-Tok-Tok)**: 주거, 금융, 법률, 진로, 심리 등 자립 과정에서 겪는 현실적 어려움이 있는 청년들을 각 분야 전문가 멘토와 연결하여 온전한 자립을 돕습니다.

함께하는 방법

한 아이의 이모·삼촌이 되어 기적을 함께 만들고 싶다면 문을 두드려 주세요.

홈페이지 www.52family.net **인스타그램** @52familynet
카카오채널 '52패밀리' 검색 **유튜브** '52패밀리TV' 검색

후원 및 문의 52familynet@naver.com | 02-6925-5099
후원계좌 예금주 사단법인 52패밀리 | 국민은행 346501-04-299561

엄마의 갈대 상자

초판 1쇄 발행	2025년 8월 26일
초판 4쇄 발행	2025년 9월 12일
지은이	이지남
펴낸이	여진구
책임편집	김아진 배예담
편집	이영주 최현수 구주은 안수경 김도연
책임디자인	정은혜 ǀ 마영애 노지현 조은혜 남은진
홍보 · 외서	진효지
마케팅	김상순 강성민
마케팅지원	최영배 정나영
제작	조영석 허병용
경영지원	김혜경 김경희

303비전성경암송학교 유니게 과정
이슬비전도학교 / 303비전성경암송학교 / 303비전꿈나무장학회

펴낸곳 규장

주소 06770 서울시 서초구 매헌로 16길 20(양재2동) 규장선교센터
전화 02)578-0003   팩스 02)578-7332
이메일 kyujang0691@gmail.com
페이스북 facebook.com/kyujangbook
카카오스토리 story.kakao.com/kyujangbook
등록번호 1922-2461
since 1978.08.14

홈페이지 www.kyujang.com
인스타그램 instagram.com/kyujang_com

ⓒ 저자와의 협약 아래 인지는 생략되었습니다.
이 출판물은 저작권법에 의해 보호를 받는 저작물이므로 무단 전재와 무단 복제를 할 수 없습니다.

책값 뒤표지에 있습니다.
ISBN 979-11-6504-649-1 03230

규 ǀ 장 ǀ 수 ǀ 칙

1. 기도로 기획하고 기도로 제작한다.
2. 오직 그리스도의 성품을 사모하는 독자가 원하고 필요로 하는 책만을 출판한다.
3. 한 활자 한 문장에 온 정성을 쏟는다.
4. 성실과 정확을 생명으로 삼고 일한다.
5. 긍정적이며 적극적인 신앙과 신행일치에의 안내자의 사명을 다한다.
6. 충고와 조언을 항상 감사로 경청한다.
7. 지상목표는 문서선교에 있다.

하나님을 사랑하는 자 곧 그의 뜻대로 부르심을 입은 자들에게는 모든 것이 合力하여 善을 이루느니라(롬 8:28)

규장은 문서를 통해 복음전파와 신앙교육에 주력하는 국제적 출판사들의
협의체인 복음주의출판협회(E.C.P.A:Evangelical Christian Publishers
Association)의 출판정신에 동참하는 회원(Associate Member)입니다.